重庆交通大学交通文化研究中心资助
重庆交通大学旅游与传媒学院专项资助

交通文化传播研究

西南财经大学出版社

中国·成都

图书在版编目(CIP)数据

交通文化传播研究 /温洪泉著.--成都:西南财经
大学出版社,2025.4.--ISBN 978-7-5504-6666-1

Ⅰ.U;G0

中国国家版本馆 CIP 数据核字第 2025XJ2059 号

交通文化传播研究

JIAOTONG WENHUA CHUANBO YANJIU

温洪泉　著

责任编辑:石晓东
责任校对:张　博
封面设计:墨创文化
责任印制:朱曼丽

出版发行	西南财经大学出版社(四川省成都市光华村街 55 号)
网　　址	http://cbs.swufe.edu.cn
电子邮件	bookcj@swufe.edu.cn
邮政编码	610074
电　　话	028-87353785
照　　排	四川胜翔数码印务设计有限公司
印　　刷	成都市新都华兴印务有限公司
成品尺寸	170 mm×240 mm
印　　张	10.75
字　　数	188 千字
版　　次	2025 年 4 月第 1 版
印　　次	2025 年 4 月第 1 次印刷
书　　号	ISBN 978-7-5504-6666-1
定　　价	78.00 元

前言

习近平主席在第二届联合国全球可持续交通大会开幕式上指出："交通是经济的脉络和文明的纽带。"

自人类践草为径，到舟车源起，再到现代交通，世界成了各国各地区紧密相连的"地球村"。交通工具、交通基础设施的"硬联通"，制度规则、精神情感的"软联通"，构成了交通文化的基本内容。

交通文化是交通事业发展的重要成果，是交通文明程度的重要标志。交通文化传播意味着交通事业的价值观、行业精神等通过一定的途径和形式向公众宣传、展示和传递，进而达到认知和认同的过程。

对于社会而言，交通文化传播具有沟通、整合、监督、教育及娱乐等多种功能。对于交通事业而言，交通文化传播具有内聚人心、外展形象的功能，有利于促进交通事业变革和创新，使交通事业葆有生机和活力。对于国家而言，交通文化传播有利于保护开发传统交通文化，弘扬培育新时代交通文化；有利于提升交通文化软实力，推动交通强国建设；有利于提升国家、地区和城市形象。

长期以来，众多交通人在默默工作中孕育形成了"艰苦奋斗、无私奉献、甘当路石"的崇高品质。由于缺乏宣传报道，很多与交通有关的故事鲜为人知。在奋进新时代、筑梦新征程的历史进程中，我们要让更多交通人进入大众视野，让他们成为瞩目的焦点和时代的明星，让他们留下应该留下的痕迹，为交通与经济社会发展注入新的精神动力。

自 2006 年《交通文化建设实施纲要》发布以来，我国交通文化建设进入国家层面，受到各级政府部门及全社会的共同关注。2019 年印发的《交通强国建设纲要》把培育交通文明作为一项重要工作，指出要推进优秀交通文化传承创新，加强重要交通遗迹遗存、现代交通重大工程的保护利用和精神挖掘，讲好中国交通故事。弘扬以"两路"精神、青藏铁路精神、民航英雄机组等为代表的交通精神，增强行业凝聚力和战斗力。全方位提升交通参与者文明素养，引导文明出行，营造文明交通环境，推动全社会交通文明程度大幅提升。2021 年，"加强交通文明宣传教育，弘扬优秀交通文化"被写入《国家综合立体交通网规划纲要》。交通文化传播赋能交通事业发展有了更加独特的意义。

本书首先界定了交通文化及交通文化传播的基本概念，总结了交通文化传播的功能和意义，在此基础上梳理了交通文化传播的基础理论，分析了交通文化传播的基本要素、模式与规律，并集中探讨了与交通文化传播密切相关的提升交通文化软实力、交通文化遗产保护及开发两个问题，最后以"两路"精神为典型案例，论述了"两路"精神的传播与传承。

一个国家、一个民族的强盛，总是以文化兴盛为支撑的。愿本书的出版能为建设交通强国、文化强国贡献一份力量。

温洪泉

2024 年 12 月

目录

第一章　绪论

　　"传媒"与"交通"两个看似不相关的行业实则有着很多的交集。在"传媒+""交通+"的时代背景下，"传媒"与"交通"逐渐出现了相加、相融的态势，但二者的关系、相关的概念还需要界定，二者跨界融合的方向和路径还值得探索和论证。

第一节　传媒与交通的关系

　　"传媒"即传播媒介或媒体。在一般意义上，传媒以内容制造和传播为核心。"交通"主要指往来通达和运输①。传媒与交通的关系在一定程度上可以理解为传播与交通的关系。

　　传播与交通在词源上有共同渊源，在英文中都可用 communication 一词来表示。据考证，communication 这个词源于拉丁语的 communicatio 和 communis，14 世纪在英文中写作 comynycacion，15 世纪以后逐渐演变成现代词形②。其含义也从 14 世纪产生之初的"聚会的方式"演变为 16 世纪的"被传达的信息"③。

---

　　①　中国社会科学院语言研究所词典编辑室. 现代汉语词典 [M]. 7 版. 北京：商务印书馆，2016：650.

　　②　郭庆光. 传播学教程 [M]. 北京：中国人民大学出版社，2011：2.

　　③　库蕾. 古希腊的交流 [M]. 邓丽丹，译. 桂林：广西师范大学出版社，2005：1.

17 世纪末，communication 一词又有了新的内涵。由于工业技术的飞速发展，communication 作为"工具性、技术性的承载与运输"的抽象名词，被广泛应用于公路、铁路、运河，以及后来的通信工具①。communication 开始与现代意义的交通联系起来，西方各国政府的交通运输部也统一被称为"Ministry of Communication"。

1909 年，美国社会学家、社会互动理论创始人库利在其《社会组织》一书中为"communication"（传播）下了一个广为人知的定义：传播指的是人与人的关系赖以成立和发展的机制——包括一切精神象征及其在空间中得到传递、在时间上得到保存的手段。它包括表情、态度、动作、声调、语言、文章、印刷品、铁路、电报、电话，以及人类征服空间和时间的其他任何最新成果。可见，库利突出强调了传播的社会关系性，把"铁路"视为重要的传播手段。在他看来，铁路交通是人和物的流通，这种流通也必然伴随着人与人的交往或以物为中介的精神交流和社会互动关系②。

随着报业的蓬勃发展，以及广播、电视的诞生，communication 与传播媒介之间的关系被强化，信息传播成为其内涵的重要组成部分。在近年不同版本的《牛津高阶英汉双解词典》中，communication 主要有三层含义：一是传播、交流；二是通信、交通联系，特别是电话、广播、电脑、公路、铁路等交流的方式方法或工具；三是被传递的信息、消息。可见，传播与交通在概念层面有着共通之处。

在行为层面，人类传播活动从诞生之初就与交通密不可分，传播活动依赖于交通、通信工具和其他物质手段。在古代，交通对于口语、文字、印刷传播的效率和范围起着决定性作用。电子媒介在传播过程中虽不受空间和交通条件的限制，但其传送和接收硬件设备的安装、维护、更新也受交通条件的影响。更为重要的是，交通所带来的地理区域的连接及其人口流动与相互联系，会在媒介生产和文化传播方面产生无比巨大的能量③。

---

① RAYMOND WILLIAMS. Keywords: a vocabulary of culture and society ［M］. Oxford: Oxford University Press, 1985: 72.

② 郭庆光. 传播学教程 ［M］. 北京：中国人民大学出版社，2011：2.

③ 邵培仁，杨丽萍. 媒介地理学：媒介作为文化图景的研究 ［M］. 北京：中国传媒大学出版社，2010：45.

第二节 "传媒+交通"跨界融合的必要性

传播与交通从概念到行为、再到行业的相加相融,即形成交通移动媒体与交通移动传播。陆地和尹坤认为,交通移动媒体主要是指利用数字广播电视地面传输技术来满足流动人群的视听需求为主的新型媒体。其接收终端主要安装在汽(电)车、火车、地铁、飞机、船舶和电梯等交通工具上[①]。交通移动媒体的类型主要包括车体广告(雏形)、移动广播电视(包括闭路播放和开路接收)、全球定位系统(GPS)播报、智能中控显示屏等。除此之外,交通移动媒体还应包括安装在各类移动终端的与地图导航、路况信息、航班信息、航运信息、列车(含地铁轻轨)信息、客运汽车(含公交车)信息、打车约车、共享单车、违章查询等交通出行相关的移动应用及服务,如高德地图、百度地图、滴滴出行、曹操出行、首汽约车、铁路 12306、"车来了"精准实时公交、各航空公司 App 及 LBS 等。在交通出行、人口流动日益频繁的当今社会,交通移动媒体成为移动人群接触的首要媒体,交通移动传播日益成为人们首选的传播方式。

总体而言,交通属于刚性需求,传媒偏于柔性需求。在人口流动的刚性需求得到满足之后,人们则会产生获取新闻、沟通社交、移动办公、电子商务、影音娱乐等柔性需求,与交通运输相关的移动应用还能直接服务于出行需要。"传媒+交通"的跨界融合既是科技、市场、社会发展的必然结果,也是传媒业、交通业自身发展的迫切需要,对于整个经济社会的综合发展都具有重要意义。

一、传媒业自身发展的需要

在媒介变革、市场竞争日趋激烈的背景下,传媒业亟须探索新的发展方向。"跨界整合"是当前媒介发展、取得竞争优势的关键词之一。走出

---

① 陆地,尹坤. 交通移动媒体的类型特色 [N]. 中华新闻报,2008-03-12 (4).

去，才能减少单体媒体影响力递减规律的影响；跨界整合，才能极大地增强媒体的社会影响力和市场开掘能力①。"传媒+交通"的跨界融合，能够促进各类媒体创新升级，为大众传媒的生产方式、服务方式和传播方式在融合竞争格局下的发展提供新视野和新思路。

交通移动媒体的"场景化"加快了其进入社会个体生活的速度，迅速成为交通出行、旅游休闲、工作学习的必备工具。交通移动传播在一定程度上进行时空再造，拓展了交通出行用户接受信息的空间，受到移动群体的广泛青睐。"传媒+交通"的跨界融合，能够开发媒体融合交通点、线、网传播载体的多维度、综合性、立体化的新型服务体系，扩大传媒市场，延伸传媒产业链并形成新的传播业态，从而实现媒体市场版图与价值资源的重构。

二、"智慧交通""人文交通"建设的需要

2019 年 9 月，中共中央、国务院印发了《交通强国建设纲要》，提出"推动交通发展由追求速度规模向更加注重质量效益转变""由依靠传统要素驱动向更加注重创新驱动转变""加速新业态新模式发展""打造基于移动智能终端技术的服务系统""大力发展智慧交通""推进数据资源赋能交通发展"。

我国交通事业将从"确保通畅、促进经济建设"发展到"智慧交通""人文交通"层面。在交通强国建设意义、目标、路径阐释解读，交通运输服务信息提供，安全、文明、集约、环保意识宣传，应急救援组织协调，公众参与交通治理监督，合作共赢平台搭建等方面，大众传媒都能发挥举足轻重的作用。

在"互联网+"背景下，智慧交通、人文交通建设离不开交通移动媒体的支撑。"传媒+交通"的跨界融合，能够提升公共交通运输的舒适度、时代美感和文化含量，提升交通运输服务品质，为交通强国建设做出积极贡献。

---

① 喻国明. 媒介革命：互联网逻辑下传媒业发展的关键与进路 [M]. 北京：人民日报出版社，2015：10-12.

三、经济社会综合发展的需要

经济发展，交通先行；推动发展，舆论引领。"传媒+交通"的跨界融合能够产生互补效应和协同效应，有利于构筑强强联手、优势叠加的新平台，不仅能够促进发展"路沿"和"路延"经济，而且能够引领带动相关产业的发展，增强经济、科技等方面的硬实力，同时还有利于建设"可沟通社会"，构建良好的国家、地区及城市形象，增强文化软实力。

交通移动传播会使个体与个体之间、个体与群体之间、群体与群体之间、群体与社会之间产生全新的联结，这在改变人们信息传受方式的同时，还会影响人们的理解和思维方式，并改变人与人之间的关系，从而构造一个新的社会现实，开创新的社会生活方式和社会行为方式。因此，"传媒+交通"的跨界融合能够赋予社会和个人全新的能力，有利于促进经济、政治、文化、社会各个领域的全面进步与综合发展。

第三节 "传媒+交通"跨界融合的理念

目前，我国交通移动媒体主要呈现出三个特点：一是发展迅速，从一、二线到三、四线城市，从公共车载到私人车载，从智能手机到穿戴设备都在不断普及应用；二是进入主流领域，其信息发布、舆论引导、发行营销、智慧交通关键场景及文化娱乐等多种功能已受到肯定和重视，其地位逐渐从边缘走向主流；三是效益可观，交通移动媒体覆盖面广、与传统媒体错时错位传播、相对强制性视听等特点使其传播效果较好，受到广告主的青睐。但交通移动媒体也存在三大问题：一是定位不准确，大多数人把交通移动媒体定位为传统媒体移动传播的车载视听媒体；二是创新不足，包括内容、形式、产品、服务缺乏个性特色；三是凝聚力缺乏，传媒业与交通业、各类交通移动媒体相对独立，没有形成发展合力。交通移动媒体、交通移动传播不是简单的传统媒体及传播方式的移动化，应以普遍联系的世界观、传承有序的历史观及以人为本的价值观为引领，树立"交通即沟通""大传媒、小众化"及"创新为王、服务为本"的理念，促进"传媒+交通"的深度融合。

一、树立"交通即沟通"的理念

"传播"与"交通"都有"联结""迁移"的含义。"交通"通常指物理连接和实物迁移，而"传播"更侧重于信息、意义的联结和迁移。每一种形式的迁移都不只是简单地进行传输，都涉及发讯者、收讯者和讯息的变换与转换，都可以对人类生活空间进行拆离和重组。

现代传播媒介的兴起，使人们对于传播意义的理解集中在利用广播电视、互联网、手机等媒介进行超越时空的文字、影像传递上，而忽略了实物媒介、现实空间、生活场景所构筑的交流关系。"铁路的作用，并不是把运动、运输、轮子或道路引入人类社会，而是扩展过去的功能，创造新型的城市、新型的工作、新型的闲暇。"① 交通无论是作为一种物质实体（交通工具、交通道路），还是作为一种生活状态（交通出行、交通运输），在为人们提供位移服务的同时，都能构筑起社会交往的现实平台，并建构起人们对于生活区域的集体记忆和文化象征。交通本身也是一种媒介，建立"交通即沟通"的理念是"传媒+交通"跨界融合的首要问题。

二、树立"大传媒、小众化"理念

技术变革带来的融合与创新改变了人们的行为方式和思维方式。随着新媒体的普及，特别是自媒体、社交媒体广泛应用之后，大众新闻普遍出现，传统的传媒概念被颠覆，"人人即媒体"成为当今信息传播领域的突出特征。传媒的内涵在变化，边界在扩张，各种媒介之间已经不再泾渭分明，呈现出向"大传媒"转型的发展趋势，麦克卢汉提出的因改变时空关系而改变人们感知能力的广义的媒介正在显现其自身价值。

与此同时，非群体化也是信息时代的一大趋势。针对不同的用户群体进行市场细分，满足不同用户的个性化需求，已成为媒介发展的共识。对

---

① 麦克卢汉. 理解媒介：论人的延伸 [M]. 何道宽，译. 北京：商务印书馆，2000：34.

于交通移动媒体，无论是在终端硬件的形态及性能上，还是在应用软件的功能及服务上，无论是在内容意义上，还是在表现形式上，都应提供多元选择让用户各取所需。树立"大传媒、小众化"理念，强化"全媒体"和"跨媒体"概念，是促进"传媒+交通"跨界融合的前提和基础。

三、树立"创新为王、服务为本"的理念

内容、服务、渠道、技术、用户是决定现代传媒发展的五大关键要素，其中任何一个要素的相对优势或劣势都会直接影响市场竞争的结果和市场价值的实现，只有同时发力、协调配合，才能推动传媒业稳步前进。在此过程中，创新是驱动传媒发展的第一动力。应树立"创新为王、服务为本"的理念，把创新作为"传媒+交通"跨界融合的重要支点。

交通移动媒体可分为两类：一是服务于个人的移动终端，如智能手机、平板电脑、智能穿戴设备等；二是服务于大众的移动终端，如公共交通广播电视、楼宇电视、电梯电视等。无论属于哪种类型，服务性都是其共有的特点，是传媒与交通共同的价值追求，是"传媒+交通"跨界融合的出发点和落脚点。

传媒与交通都是人创造的有价值的系统，都是人们用来创造和分享价值的工具和手段。只有以创新为王，以基于交通移动场景的服务为本，才能从个人、圈群乃至社会的人类系统中去认识和发现、释放和发展"传媒+交通"跨界融合的价值能量。

第四节 "传媒+交通"跨界融合的路径

"传媒+交通"的跨界融合应遵循交通移动传播的特点和规律，以交通出行用户的需求为导向，以媒体融合转型和交通强国建设为契机，以新技术新应用为支撑，促进二者从业务、品牌到产业、资本等方面的融合，并不断探索新的商业模式。

一、以移动互联网为纽带

喻国明认为，互联网是社会资源的组织方式和组织原则，是一种重新构造世界的结构性力量①。互联网经由早期的桌面互联网发展到移动互联网，再到"互联网+"，由单纯的信息通信领域扩展到各行各业，在促进传统行业转型升级的同时，也催生了新的业态及社会变革，各个行业以互联网为纽带开始实现跨界融合。

"传媒+交通"的跨界融合应建立在移动互联网这个底层构架之上，融合交通的"移动、连接"与互联网的"联结、开放"，融合彼此的业务边界，把交通移动媒体打造成与互联网逻辑相吻合的"平台型媒体"，激活所有交通移动用户微资源，通过各种开放平台接口，形成双向对接合作伙伴与用户的"互联网+智慧广电"体系，同时还将具有相同需求的个体连接到一起，构成新的关系网络和媒体空间。

二、开发媒体融合交通点、线、网传播载体的多维度、综合性、立体化新型服务体系

随着我国现代化高质量综合立体交通网络建设的推进，城市（群）交通网越来越顺畅，农村交通网覆盖面越来越广，这为交通移动传播提供了广泛而众多的载体。应大力开发这个广阔的传媒市场，建立多维度、综合性、立体化的公共服务和个性化服务体系。

在开发新型服务体系过程中，要以大数据分析为基础，为交通出行用户量身定制更多增值服务。这里应注意三个问题：一是控制服务的空间规模，平衡规模经济效益和范围经济效益的关系；二是注重服务的适用性，要满足交通出行用户的实际需求；三是改变服务方式，由单一服务转变为

---

① 喻国明. 媒介革命：互联网逻辑下传媒业发展的关键与进路 [M]. 北京：人民日报出版社，2015：41.

立体化服务，在同一服务对象上开拓更多的价值关联，为人们的交通出行提供全方位的解决方案。

三、打造具有创新力、竞争力和延伸力的交通移动传播内容体系

在媒介产品极为丰富、信息过剩的当今社会，选择性理论所呈现出来的传播效果十分明显，以用户自我为中心的认知圈和信息茧房正在形成。对于交通移动媒体而言，应把内容的接近性、特色个性和稀缺性放在首位，并嵌入人们的交通出行目的事务中，力求打入这种圈子文化的内部。

在已有交通移动传播内容体系中，与交通管理部门合办的交通栏目、涉及百姓衣食住行的服务类节目、新闻资讯类节目及一些专栏直播都广受欢迎。此外，还应探索一些新颖活泼的具有交通移动特色的节目形态和更多基于应急管理的内容，把创新力、竞争力和延伸力作为交通移动媒体内容建设的着力点，在打造核心内容产品的同时，注重形式产品、外围产品和延伸产品的开发，使其能够产生轮次收益和协同效应。

四、优化交通移动传播产业链

在开发新型服务体系和内容体系的同时，传媒业与交通业还需要进行资源整合、共同运营、加强研发、开放平台及互联互动，通过聚合数据进行关联分析和价值挖掘，围绕"路沿"和"路延"经济，以信息服务为核心拓展后向关联和前向关联，延伸交通移动传播产业链，并不断完善优化，形成一个相对完整、健康的交通移动传播产业生态。

当然，交通移动传播产业链不等于闭环运行，还要链接外部资源，包括品牌、资金、人才、管理、机制和实体，实现产业链辐射，走内涵提升与外延扩展相结合之路。在此过程中，应遵循信息经济的网络效应和收益递增机制，抓住先机，并通过正反馈强化领先优势，从而不断提升价值链价值，实现产业协同共赢。

今天的传媒产业主要由三大板块构成：传统媒体、网络媒体与移动媒体。这三大板块就像传媒的三原色，它们相互交叉融合，演变出无数的新

媒体形态，并最终形成新的媒体行业①。在"互联网+"、大数据、云计算、人工智能、区块链、5G 网络等新理念、新技术、新模式不断涌现的情况下，越来越多的移动终端进入人们的日常生活中，这将驱动传媒、交通等行业加速融合转型。

在移动互联网及"场景五力"（移动设备、社交媒体、大数据、传感器和定位系统）的支撑下，能够进行场景感知的场景技术将带领我们走进"场景新时代"。在这个时代，信息传播的互动性和智能化程度越来越高，各种终端彼此融合并与交通移动场景实现无缝对接，形成交互生态，从而深刻地改变交通移动媒体用户的空间体验。

与新技术同步变化的是结构框架本身，而不仅仅限于框架的景象②。随着"传媒+交通"跨界融合的不断深入，交通移动媒体必将改变信息的清晰度和结构方式，进而改变人类社会的生活方式。"科技想要的跟生命一样"③ 也将会表现得更为明显。

---

① 崔保国. 大部制整合与大传媒时代的到来 [J]. 当代传播，2013（2）：1.
② 麦克卢汉. 理解媒介：论人的延伸 [M]. 何道宽，译. 北京：商务印书馆，2000：273.
③ 凯利. 科技想要什么 [M]. 严丽娟，译. 北京：电子工业出版社，2016：302.

第二章 交通文化

交通历来不仅是人类生活的一部分，还是一种可探究和推敲的文化现象。交通文化既是交通系统的重要内在要素，也是整个社会文化系统中的重要组成部分。

第一节 交通文化的概念

文化是人类在认识世界和改造世界活动中所取得的创造性成果。交通文化是人类在解决出行问题和开发自身行动本能过程中获得的实现人、物、信息位移的积极成果，在一定程度上可以理解为"行文化"。

一、交通与交通文化

交通这种社会活动的历史可以说如人类的诞生一样久远。从词源上考察，"交通"一词出现得相当晚，可以说只能在汉字形成一段时间后才会出现，因此人类对自身交通行为的认识和反思远远晚于交通行为本身。根据对于历史文献的考察，"交通"一词，最早见于《管子·度地》，其中有"山川涸落，天气下，地气上，万物交通"的记载，此处"交通"意即互相通达。东晋陶潜《桃花源记》中有"阡陌交通，鸡犬相闻"之佳句，此处"交通"二字即往来通达。

"交通"一词在古代主要有三种含义，即人类"行"动本能、互相通达之现象、社会交往之工具。人们利用肩扛、手提运送食物，利用打手势和喊叫传递信息的历史相当悠久，只不过在农业社会早期，社会分工并不发达，商品经济较为落后，实物和产品的运送还没有实现专业化和社会化，没有从物质生产部门分离出来独立的交通运输业和信息通信业。那时，交通系统早已有一定程度的发展，但多充当朝廷、官府和普通百姓进行政治、军事和社会交往的物质工具，偶有商人利用驰道和马车进行贸易往来。

到了农业社会中后期，尤其是工业社会到来之后，西方资产阶级开始进行大机器工业生产，原材料的运输、劳动力的组织以及产品的流通，被提上日程，交通便成为企业生产和获利的重要保证。从此，交通的经济功能成为其主要功能，交通行业便由此获得了发展所需要的物质条件，成为独立的新兴产业。与此同时，交通运输极大地降低了企业生产成本，加速了商品的流通，提高了劳动生产率。交通运输与企业生产的互动使人们看清了交通所包含的经济学意义，于是，一些西方学者提出交通运输是人们借助运输工具实现运输对象空间位置移动的有目的的生产活动，并由此建立了交通经济学。

在人类实现有形物体位移和社会交往过程中，往往伴随着无形消息的传递，这为人类的生产、生活和社会活动提供了良好的交通条件。在现代社会，交通运输与信息通信技术紧密地联系在一起。有了无线通信，现代铁路通信就更加方便。就拿列车无线调度电话系统来说，它可以使列车调度员、机车调度员、车站值班员等调度指挥人员直接和列车司机互相通话，使调度员及时掌握和调整列车的运行，提高运输效率，也便于铁路运输系统及时处理临时故障或异常现象，保证铁路运输的安全。对于现代航空运输而言，信息通信技术更为重要。离开了无线通信技术，航空运输就无法进行。

因此，从社会学角度可将交通定义为：为满足人类自身生活和发展需要而借助某种运载手段（包括设施和工具），实现客体（人、物、信息）空间位置移动的社会活动。狭义的交通仅指人和物在物理意义上的位移。

文化是人类在认识世界和改造世界活动中所取得的创造性成果。现代意义上的文化尚无一个统一的定义。1871 年，英国人类学家爱德华·泰勒（E. B. Tylor）提出了一个对后世影响很大的定义："文化，或文明，就其广泛的民族学意义来说，是包括全部的知识、信仰、艺术、道德、法律、风俗以及作为社会成员的人所掌握和接受的任何其他的才能和习惯的复合体。"① 英国人类学家马林诺夫斯基认为，文化是一个复合体，其中包括具体物（使用的器物和生活消费品）和无形的思想（观点、见解、信仰、制度）。中国学者也从不同侧面和角度对文化的概念进行了界定。如梁启超在《饮冰室合集·文集》之三十九《什么是文化》中认为："文化者，人类心能所开积出来之有价值的共业也。"② 梁漱溟在《中国文化要义》中认为："文化，就是吾人生活所依靠之一切……文化之本义，应在经济、政治，乃至一切无所不包。"③《辞海》则将文化定义为："广义指人类在社会实践过程中所获得的物质、精神的生产能力和创造的物质、精神财富的总和。狭义指精神生产能力和精神产品，包括一切社会意识形态，即自然科学、技术科学、社会意识形态。有时又专指教育、科学、文学、艺术、卫生、体育等方面的知识与设施。"也就是说，广义的文化涵盖了人类在社会历史实践过程中所创造的物质财富和精神财富的总和，而狭义的文化则是人类精神活动及其产品的总称。

从人们对文化的认识来看，交通正是人类文化的一种表现形式，即交通本身就是一种文化现象。交通文化是人类在解决出行问题和开发自身动行本能过程中取得的实现人、物、信息位移的积极成果。目前，学界关于交通文化的相关研究还比较稀缺，尚未对交通文化形成统一定义。

国外主要从三种视角理解交通文化的内涵。一是欧洲视角，伦敦大学 Peter Jones 教授强调交通行为与城市规划的互动。他提出"活动分析法"，关注居民出行模式与城市空间的关系，倡导可持续发展交通政策。二是俄罗斯视角，相关研究者将交通文化视为国家文化的重要组成部分，注重驾

① 泰勒. 原始文化：神话、哲学、宗教、语言、艺术和习俗发展之研究 [M]. 连树声，译. 上海：上海文艺出版社，1992：1.
② 梁启超. 饮冰室合集（第 5 册）[M]. 北京：中华书局，1989：98.
③ 梁漱溟. 中国文化要义 [M]. 上海：上海人民出版社，2018：9.

驶习惯、铁路的历史符号意义，以及航空安全文化的发展。三是东亚视角，关注技术驱动的交通文化，如智慧交通系统（如地铁运营优化）和骑行行为研究。

如成立于 2002 年的"日本交通文化联盟"是一个特定的非营利组织，其组织的愿景为"让由日本最大最快最美的 C26 型蒸汽机车组陈列车实行永久的运行和继承这种技术与精神"。他们认为，不同文化、不同环境的人们通过交通相互理解，营造了和平的环境。即使在网络信息时代，交通的价值也依然会不断地提高。这一组织追求健康的交通环境，并使其成为一种标准以使后人继承下去。这一组织虽然没有给交通文化下一个明确的定义，但可以清晰地看到其对交通文化的高层次追求。

日本交通文化协会是 1948 年由铁道旬刊创刊人泷富士太郎发起的，其理念是以艺术及文化的发展来推动社会的发展。该协会秉持忽视铁道的发展就没有日本的复兴的观点，以丰富铁路职工的生活、为交通文化的发展做出贡献为目的，从 1953 年起提议设立"交通文化奖"，1954 年举办了第一届"交通人综合文化展"（2001 年改为"交通综合文化展"）。另外，该协会还设立了"国际泷富士美术奖"和与铁道相关的子弟的奖学金等。从该协会举办的活动看，其所认为的交通文化是与交通相关的公共艺术活动和有关交通事业人才的培养，以促进对交通问题的研究①。

我国对于交通文化概念的理解，主要有两种观点。一种观点认为，交通文化是交通行业在长期的交通建设、运输和管理实践中逐步形成并不断发展的为广大交通员工所认同并付诸实践的具有鲜明行业特点和时代特征的价值理念，是交通行业的各种精神文化、制度文化和物质文化的总和，是交通发展的重要成果，是交通文明的重要结晶。例如，桑业明认为："交通文化是一种以价值观为基础，包括思想、道德、价值观念、愿景、目标、精神风貌、行为规范等核心内容的整合体。"② 另一种观点认为，交通文化作为一种具有特殊内容和表现手段的文化形态，是人们在社会活动

---

① 俞慰刚. 日本城市交通文化的现实启示 [J]. 上海城市管理职业技术学院学报，2008 (1)：57-60.

② 桑业明. 论交通文化的本质 [J]. 长安大学学报（社会科学版），2010 (12)：30-34.

中依赖于以交通、交通资源、交通技术为支点的信息活动而创造的物质财富和精神财富的总和①。

2006 年印发的《交通文化建设实施纲要》指出："交通文化是交通行业在长期的交通发展实践中逐步形成并不断积累的，体现行业价值理念的各种精神文化、制度文化和物质文化，是交通事业发展的重要成果，是行业文明程度的重要标志。"

在整个交通文化体系中，精神文化是交通行业的核心文化，是交通行业纲领性的核心思想，是指导交通发展的核心价值；制度文化是交通行业的浅层文化，是交通行业制定并执行办事规程、道德规范和行为准则所秉承的价值理念；物质文化是交通行业的表层文化，是交通行业生产物质实体、展现外在形象所秉承的价值理念。三种文化相互联系，相互制约。精神文化是物质文化和制度文化建设的精神基础，制度文化是物质文化和精神文化建设的制度保障，物质文化是制度文化和精神文化建设的物质条件。

交通文化既是交通系统的重要内在要素，也是整个社会文化系统的重要组成部分。交通文化是人类社会存在的条件之一，是人类促进交通发展的精神动力。

二、交通文化的内涵

交通是人类文化的一种表现形式。从交通与人类历史发展的关系来看，人类历史的发展进程主要包括两个方面：一方面，物质生产史上不同生产方式的演变和由此而引发的不同社会形态的更迭，构成了世界历史的纵向发展；另一方面，各地区间由相互闭塞到逐步开放，由彼此分散到联系日益密切，最终统一为整个世界历史的扩展过程，构成了世界历史的横向发展。然而，无论是纵向的世界历史发展，还是横向的世界历史发展，如果没有交通发挥作用，都是无法完成和实现的。换言之，交通是人类历史发展为世界历史的基础条件。一定时代的交通情况既反映了人类社会生产力发展的程度，也反映了各地区之间人类交往活动的广度和深度。因

---

①　李振福. 交通文化与交通管理 [J]. 交通标准化，2003 (5)：4.

此，交通是我们认识人类文明的基本路径之一，是人类文化或文明发展的重要特征，是一种文化现象。

交通文化源于交通，又高于交通，其内涵极为丰富，既有世界观，也有方法论。交通文化体系至少应包括以下五个方面：

（一）精神性要素

交通文化的精神性要素即交通文化的精神性存在形式，主要指关于交通的基本思想、理念和交通工具运用过程中的文化观念及其历史发展。这是交通文化结构体系的核心层面，它主要包括：①关于交通工具的功用与人的"行"能力关系的理念的形成与发展。例如，我国的"飞天梦""嫦娥奔月"等思想理念的形成，实际上是后世航天登月技术发展的思想基础，环球航行和环球飞行的思想是环球航行和飞行以及后来的全球交通网形成的思想基础。②交通工具、交通基础设施产生和发展历史过程中形成的理论。例如，关于各种交通工具的名称、功用的文字表达以及相关理论，关于交通与交往的观念等，是交通文化的主要内容。③各种交通工具、基础设施使用中形成的理念、观念和风俗习惯。比如古代帝王用龙车凤辇，现代国家元首用专机、专列等。④古代和现代交通发展中形成的其他精神产品。例如，国家关系因交通发展而形成不同的外交理念，中国古代的"远交近攻"思想等，都是因交通发展而产生的精神产品。⑤未来交通发展与交通可持续发展理念的产生和发展，是交通文化的新内容。

（二）制度性要素

交通文化的制度性要素是指交通管理制度、相关技术标准和交通法律法规及其所体现的文化精神。这是交通文化结构体系的中间层面，主要包括：①各种交通管理制度和管理模式所体现的人文精神和所形成的文化现象。②各种交通设计标准和技术规范及其历史性变化中所体现的文化内涵和人文精神。③各种交通服务形式与服务标准所形成的文化现象以及所体现的人文精神。④交通法律法规所形成的文化现象及其所体现的人文精神。

（三）物质性要素

交通文化的物质性要素即交通文化的物质性存在形式，主要指交通工具和交通基础设施的存在形式及其发展。这是交通文化结构体系的外壳层面，是交通文化构成的物质基础，主要包括：①交通工具的出现及其初始形态，以及交通工具与"行"能力之间的内在联系；②交通工具和交通基础设施的发展，以及它们的标志性存在形态；③交通工具和交通基础设施的多样性发展及其主导形态；④交通运输管理的组织形式；⑤未来交通工具、基础设施的展望、设计和雏形；⑥交通工具、基础设施的历史遗迹遗存及其保护。

（四）社会活动形式要素

社会活动形式要素即与交通相关的社会活动形式及其所体现的文化内涵。交通文化的表现形式是多种多样的，其中一些与交通相关的社会活动及其组织形式是交通文化的重要组成部分，这类社会活动主要包括：①与交通相关的各种庆典、剪彩活动，如青藏公路、川藏公路通车庆典；②与交通相关的各种评比、展示活动，如汽车拉力赛、汽车展销会、各种涉及交通的评先选优活动，等等；③交通文化教育（学校教育、社会教育）、理论探索（论文、论著、论坛）等活动；④交通科技活动。

（五）其他要素

其他要素主要指与交通相关的其他文化现象。交通的本质是"行"，是人类基本的活动方式之一，也是其他形式的活动的基础。只要我们注意观察就不难发现，随交通发展而发展的交通文化，必然与其他方面的（衣、食、住）文化交织在一起，互相渗透。这主要体现在六个方面。①交通与服饰。比如古代的车服，近代的铁路职工的制服。据传，裤子就是因骑马需要而发明的。殷商以前，男人和女人都穿裙子。在殷商时期，骑马之风盛行，穿裙子上下马不方便，人们便发明了裤子。②交通与饮食。比如当代飞机、火车上的方便食品。③交通与居住。比如在工业化国家，集中居住在近郊卫星城镇已是非常普遍的现象。④交通与旅游。近现代旅游业的发展与交通发展有着直接的关系，可以说，现代交通与现代旅游之间的关系已形成一种共生关系。⑤交通与文体活动。与交通相关的现代文体活动不胜枚举，如赛车、赛马、跳伞和各种划船比赛等。⑥交通与习俗。

综合以上六个方面，我们可以大致勾勒出交通文化的基本轮廓，把握它的一般体系。对于交通文化的概念，我们还可从以下四个方面进一步理解其内涵：

第一，交通文化的核心内容是价值理念。价值理念亦即价值取向，是交通行业关于交通为谁发展、发展什么、如何发展等根本问题的价值选择与价值排序，是价值观和方法论的统一。因此，价值理念属于意识形态或思想认识范畴，体现为交通行业对交通发展秉持的态度、采取的方式和表现的行为，是交通发展倡导的精神、制定的规范和树立的形象，这些态度、方式和行为都自觉或不自觉地反映了交通行业所秉承的价值理念，从而形成了交通文化。

第二，交通文化的本质要求是强调实践。交通文化是交通行业普遍认同并付诸实践的价值理念，其突出强调价值理念的实践化，强调所倡导的价值理念要得到普遍认同和真正落实，要使之内化于心、固化于制、外化于行，从而在交通建设、运输和管理实践中发挥出实际的作用，为交通发展提供精神动力、制度保障和物质基础。因此，交通文化是理论和实践的统一。

第三，交通文化的层次定位是行业文化。从价值理念的从属主体来看，有国家的、民族的、组织的和个人的价值理念等，交通文化则属于整个交通行业的价值理念。因此，交通文化是对整个交通行业各部门、各单位价值理念的提炼与整合，代表了交通行业从业人员的主流思想，代表了整个行业广泛认同和普遍接受的价值理念。

第四，交通文化的鲜明个性是交通特色。交通文化是交通行业的特色文化。各个行业的特色文化在其形成和发展过程中，虽然受到整个国家、民族的价值理念的影响，但各个行业生产特征、服务要求和管理模式存在很大差异，其价值取向也必然存在较大差异。交通作为经济社会发展的基础性产业和服务性行业，其所秉承的价值理念自然也有别于其他行业，从而有其自身鲜明的个性特色。

第二节 交通文化的特点与载体

交通文化是交通行业信奉并付诸实践的价值理念。作为社会文化的重要组成部分，交通文化既具有文化的一般特点，也具有自身的独特性，其通过一定的载体表现出来并在传播传承中不断发展与创新。

一、交通文化的特点

不同行业有其各自的结构形态和嬗变沿革，以及不同的静态表征和动态特征，因而体现出与之相对应的文化体系特点。有学者认为，交通文化是交通运输发展实践积累而成的一种特殊文化，具有先进性、超前性、开放性、大众性、公平性、安全性、多元性的特点①。也有学者认为，交通文化具有基础性、先导性、渗透性、开放性、公共性、利他性、审美性②。通过综合分析，笔者认为交通文化具有目的性、地域性、互动性、全民参与性、多样性、层次性、传承性、时代性等突出特点。

（一）目的性

交通文化的目的性源于交通行为的目的性。交通行为是一个目的性很强的位移过程，它实现的是人、物、信息的地域间的沟通和联通。这样，作为实现交通目的的有力保障的交通文化就具有明显的目的性。

（二）地域性

交通文化是伴随着不同地域的交通活动而生发、形成的，且是不断变化的，表现出明显的地域性差异，这和交通在各个国家和地区的发展程度不同有直接关系。不同的交通发展状况和程度使交通文化在交通政策、法规和习惯上具有明显差异。例如，中国、美国、法国、德国、俄罗斯、韩国、意大利等国家使用左舵车靠右行驶，而英国、日本、印度、印度尼西

---

① 傅新平. 论交通文化中的几个重要特征［J］. 武汉理工大学学报（社会科学版），2006（5）：5.

② 戴生岐，戴岩. 交通文化刍论［J］. 长安大学学报（社会科学版），2010（3）：10.

亚、澳大利亚、新西兰、泰国、马来西亚、新加坡等国家使用右舵车靠左行驶。山地、高原、丘陵、平原、盆地等不同地形地貌，造就了适应当地条件的不同交通工具和交通习惯。

（三）互动性

交通文化的互动性表现在交通行为过程中人与交通工具、交通工具与交通设施、人与交通规则之间是紧密联系和相互影响的，任何一方的变化和发展都会给另一方带来影响。例如，随着人们生活水平的提高，小汽车的数量逐渐增加，这就要求行政部门制定相应的政策，以适应这一变化。同时，人们的交通习惯也会发生明显的变化。

（四）全民参与性

交通的明显特征之一是全民参与。交通自有人类之日起，就与每一个人息息相关，交通文化也是由全民共同创造的。在交通日益发达的今天，交通文化的全民参与性更加明显和突出。

（五）多样性

交通由多个系统、多种专业、多种组织构成，不同的系统、专业、组织都有其自身的生产特征、服务要求和管理模式，因而具有不尽相同的价值理念，从而形成了交通文化的多样性。

从职能范围看，交通行业主要有公路建设与管理、道路运输、规费征稽、港口、航运、海事、救捞、船检、公安等系统，形成了道路运输文化、交通规费征稽文化、港口文化、航运文化、航海文化、救捞文化、船检文化、交通公安文化等。

从专业性质看，交通行业主要有公路、桥梁、车辆、站场、船舶、航标、航道等专业领域，形成了路文化、桥文化、车文化、站文化、船文化、航标文化、航道文化等。

从组织性质看，交通行业主要有行政机关、执法单位、交通企业和事业单位等组织，形成了交通行政机关文化、公路执法文化、交通企业文化、交通事业单位文化等。

此外，交通文化还可从时间维度划分为传统交通文化、现代交通文化；从路线通道角度划分为陆路交通文化、水路交通文化、空路交通文化；从地域范围划分为地方交通文化、国内交通文化、对外交通文化等；从交通运输对象划分为客运交通文化、货运交通文化、信息交通文化；从交通与社会的角度划分为交通技术、交通制度、交通模式、交通习俗等。

（六）层次性

按照交通的职能、专业和组织等分类，交通文化可细分为交通系统文化、交通专业文化和交通组织文化，各组成部分按照某种秩序有机结合，呈现出一定的层次性。

各层次文化所秉承的价值理念具有内在的联系，一般来说，上层文化价值理念是对下层文化价值理念的归纳，上层文化更为抽象，下层文化更为具体。交通文化的层次性，要求在提炼、整合交通行业的价值理念时做到自下而上、由点到面、逐层归纳，从而形成具有深厚基础的价值理念。

（七）传承性

交通文化形成于交通发展的实践，并随着交通的发展而发展。交通发展过程就是交通文化形成的过程，交通发展的历史沿革就是交通文化的传承沿革。交通发展在不同时期面临着不同的发展任务和发展条件，因而有着不同的价值理念和文化内涵。传承是发展的基础，交通文化的传承性，要求用历史唯物主义和辩证唯物主义的观点和方法去认识交通文化，从源远流长、积淀丰厚的发展历史中发掘、提炼交通文化的价值理念元素，充分吸收传统文化的合理成分，进而将交通行业优良的传统文化发扬光大。

（八）时代性

交通文化随着交通的建设而孕育产生，又在交通的不断发展中延伸和拓展。因此，交通文化不是静止的、一成不变的，而会随着时代的发展和交通的进步而变化，具有鲜明的时代印记。例如，在我国清末至民国时期，随着西方文化的传入，洋车、火车、轮船、电报等新式交通工具和技术的列入引发了交通活动与传统交通文化的急剧变化。新中国成立后，随着社会观念和科学进步，以及交通状态的改变，人们出行挑日子、饯别、折柳这类传统习俗逐渐消亡。当前，人类交通发展已进入新的阶段，发展先进的交通文化，必须坚持先进文化前进方向，在传承交通传统文化的基础上，充分融入现代意识，不断丰富和发展其科学内涵，确立具有时代特征的价值理念，发展具有现代意识的交通文化体系。

二、交通文化的载体

文化均有其价值理念的承载体或附着体。人类通过劳动创造文化。人类的劳动作用于自然形成物质文化，作用于社会形成制度文化，作用于人类自身形成精神文化。交通文化的载体主要包括主体载体、组织载体、制度载体和物质载体等。

（一）主体载体

交通行业从业人员是交通行业的主体，自然也是交通文化的主体。交通行业从业人员既是交通行业价值理念的倡导者和实践者，也是交通行业价值理念的承载者和传播者。交通文化说到底是交通人的文化，是交通人的思想意识和价值取向。传播交通文化，要注重人的决定性因素，突出人的主体性地位，一是注重发掘广大从业人员的价值理念元素，确立具有深厚群众基础的价值理念体系；二是注重依靠广大从业人员传播交通文化，践行价值理念；三是注重通过文化传播来提升广大从业人员的综合素养，运用文化的力量来增强从业人员的凝聚力和向心力，激发交通从业人员的积极性和创造性。

（二）组织载体

交通行业的行政机关、事业单位和交通企业等各种组织，既是交通行业的基本单元，也是交通文化传播的基本单元。这些组织作为交通文化的载体，与文化的内在联系主要体现在以下三个方面：一是组织内涵反映组织文化的性质。组织内部共同的目标追求、一致的价值取向、和谐的分工合作都是文化使然，其既是文化作用的结果，也是文化自身的表征。二是组织结构体现组织文化的个性。组织结构决定了组织内部的职责关系，其选择和形成受到组织文化的影响，并反作用于组织文化，从而使得不同的组织结构体现出不同的文化特征。三是组织功能体现组织文化的要求。组织的功能主要体现在整合人力资源、规范人的行为、满足人的需要，从而履行组织使命，实现组织目标，这些功能和作用与组织文化的功能和作用是一致的，正好体现了组织文化建设的目的和要求。传播交通文化，要将组织建设作为重点内容，着力优化组织管理理念，改进组织管理方式，按照科学管理、规范管理的要求，优化组织的内部结构与协作关系。

（三）制度载体

制度是要求组织成员共同遵守的办事规程、道德规范和行为准则。组织制度和组织文化之间的关系十分密切。一方面，组织文化是组织制度制定与执行的重要决定因素，影响着组织制度的形成及其功效的发挥。组织制度是组织文化的产物，组织制度所具有的规范约束和激励作用等本身就体现了组织文化建设的直接目的和内在要求。这样，组织制度就成为组织文化的重要载体，组织制定并执行各种办事规程、道德规范和行为准则都反映了组织文化所倡导的价值理念。另一方面，组织制度对组织文化的形成和发展也具有重要影响，有什么样的组织制度也必然会使组织成员表现出相应的处事态度和行为方式，从而营造相应的组织氛围、孕育相应的组织文化。传播交通文化，离不开制度建设，要按照以人为本、科学管理的要求，以实现员工价值、规范员工行为为价值取向，着力健全组织内部的管理制度，推进制度创新与制度变革。

（四）物质载体

物质载体是反映交通文化特色内容的重要载体和交通文化先进程度的重要标志。交通文化的物质载体主要包括以下三类：一是交通行业的生产资料，包括基础设施、运输装备及其支持保障系统，如公路、桥梁、车站、港口、航道、航标、车辆和船舶，办公场所、生产车间和服务场所等。这是交通生产力的物质基础，其外形特征、结构特点、技术价值、美学价值、历史价值、民族特色、地域特征、人文内涵及其社会经济意义等，是交通文明的重要标志，也是交通文化的重要特色。二是交通行业的形象标识，如各系统、部门和组织的徽标、着装和歌曲等，也是交通文化的可感知性象征物，充分体现了交通文化的个性和风格。三是交通行业各种组织保障员工基本权益、提升员工综合素养的各种实体手段，如保健、卫生和安全等设施，技术培训、职业教育和文化教育等文化设施，这些也都充分体现了交通文化的个性和风格。传播交通文化，也要将物质载体建设作为重点内容，既要着力保证物质实体的经济社会意义，也要着力丰富物质实体的技术价值、美学价值、历史价值、民族特色、地域特征和人文内涵，着力提升交通行业的外在形象。

第三节　交通、文化与历史

传统文化蕴藏的思想和智慧始终贯穿在人类从古至今的生活和社会实践中，涉及政治、经济、军事、文化、交通、家庭、生活等各个领域。交通发展史是人类文明史的重要组成部分，有着传统文化的生命活力。

一、交通文化史

文化是在社会历史发展过程中人类所创造的物质财富和精神财富的总和。在这个漫长的发展过程中，与当时生产力发展水平相适应的交通是重要的社会基础条件，它对文化的发展和历史的进步起到了促进作用。同时，文化的发展和历史的进步又反过来推动了交通的进步，提升了当时的交通发展水平。

鲁迅先生说过："地上本没有路，走的人多了，也便成了路。"鲁迅在这里说的路既是指道路，也表达了一种哲理：世界上的事情总是从无到有的。从人类的始祖登陆的那一刻起，路已经开始在他们的脚下形成、蔓延、伸展。最早的路是人自觉或不自觉走出来的。有了人类，就开始有了路。

交通史是历史总进程的一个重要的侧面。在历史发展的每一阶段，几乎都可以看到交通进步的轨迹。原始社会的人类，活动于自然界的山河之间，为了繁衍生息，需要取水、打猎、捕鱼和采集食物，人的足迹所到之处，随着时光的推移，慢慢就形成了最初的自然之路。原始部落沿山谷溪水岸边形成的小路，与人类后来活动范围扩大后而形成的平川之路连接在一起，就形成了最早的道路网。远古时期，人们采用手提、肩背的方式进行运输。当人类进入文明时代，随着农业、畜牧业和手工业的出现，生产逐步发展，社会有了分工，从自给自足的生活状态发展到物物交换，人类才有意识地修筑道路，使自己的出行更加便捷和顺畅。后来，人们在劳动实践中懂得了役使牛马来减轻自身的劳累，经常往来的人行小路又被修成了可以通行驮运货物的道路。可以说，道路的历史就是人类活动和发展的历史。人类在实践中修筑了道路，而道路的产生和发展又推动了社会的发展和人类的进步。

在人类文明史的进程中，交通起到了非常重要的作用。各个文化系统所影响的区域规模，不可能不受到交通条件的制约。无论是物质文化还是精神文化，都有赖于交通。没有丝绸之路的开辟，葡萄、胡萝卜就无法来到中原；没有哥伦布发现新大陆，玉米、马铃薯可能不会在15世纪末传入欧亚大陆，并逐渐成为重要的食品来源。同样，没有玄奘西行和鉴真东渡，大量佛教典籍就无法从印度传到中国本土并从中国传到日本。因此，社会历史的发展与进步，与交通密切相关。

我国古代从周朝起已有"道路"之称。周在各地分封诸侯，利用所建置的政治军事据点以为藩屏，来维护中央政权的统治。这种政治体制要求各地与周王室保持紧密的联系。当时以车兵为军队的主力，也要求各地有平阔的大道相通。从出土西周青铜器的铭文和文献记载中均可看到，周王室主持修筑的连通各地的交通干道被称为"周行"或"周道"。《诗经·小雅·大东》中说"周道如砥，其直如矢"，形容"周道"如同磨石一样平整，如同射出的箭一样端直，体现了这种交通干道规划设计的合理和修筑施工的严谨。

春秋时期，交通建设有了新的进步。大致在这一时期，太行山、秦岭等都开始有车路通行。在此基础上，交通设施得以进一步健全。据《周礼·地官·遗人》记载，贯通都市和村野的交通大道上，每隔十里，都设置有"庐"，用以提供行旅饮食；每隔三十里，都有可以止宿的"宿"，并有服务于行旅的粮草储备；每隔五十里有"市"，具备住宿条件更为优越的"候馆"，行旅消费品的储备也更为充足。当时，中原各国普遍沿交通干道设立交通站，置备车马和专职管理人员，遇到紧急情况时，则乘传疾驰，次第相继，使军情政令能得以迅速通达。孔子曰："德之流行，速于置邮而传命。"意为德政的流行普及，比邮驿系统传达政令还要迅速快捷，可见当时驿政的发达。

我国交通在秦汉时期得以飞速发展，两个朝代都将发展交通作为主要行政任务之一。秦汉交通的主要形式为此后 2 000 多年交通事业的发展奠定了基本格局。秦朝交通建设最具有时代特色的成就，是直道和驰道的修筑。直道是秦始皇建立中国历史上第一个统一的封建王朝后，为阻止和防范北方的匈奴侵扰，征调 30 万大军用 2 年时间修筑的一条长达 700 多千米的南北军事通道，是从咸阳通往北部阴山最快捷的大通道，利于军事调度和战车通行。有人把它称为中国历史上最早的"高速公路"，也是"世界上第一条公路"。秦朝灭亡后，秦直道至隋唐时期还继续提供交通服务。到清朝年间，秦直道逐渐荒废，失去了其作为交通干道的作用。

驰道的修筑自公元前 220 年开始，一直持续到秦朝灭亡。驰道是供车马行驶的宽阔道路，路中央设有"御道"专供皇帝通行。各条驰道都以咸阳为中心，延伸向四方。秦始皇五次出巡，都是沿驰道往返于全国各地的。对于驰道的形制，西汉人贾山曾经有这样的记述："为驰道于天下，东穷燕齐，南极吴楚，江湖之上，濒海之观毕至。道广五十步，三丈而树，厚筑其外，隐以金椎，树以青松"①。所谓"道广五十步"，即路面的宽度达到五十步（相当于现在的 69 米左右）。关于"三丈而树"，一种解释说，在路面中央三丈皇帝专行的车道做出特别标示；另一种则称，在道路的两旁每隔三丈植一棵树。"厚筑其外"指路基的构筑务必要求坚实，两侧又形成宽缓的路坡。"隐以金椎"指用金属工具夯击以使路基坚稳。"树以青松"是说道旁行道树的树种主要选用松树。贾山还说，秦王朝修筑的驰道，东方通达燕地和齐地，南面到达吴地和楚地，江湖之上，以及海滨的宫观，都可以一一连通。驰道实际上已经成为当时全国交通网的主纲，是区别于一般道路的高速道路。驰道的路面划分为 3 条，也是我国最早的具有分隔带的多车道道路。

秦以后各朝，或称驰道，或称驿道，宋朝改称"道"为"路"，元朝则称"大道"，清朝由京城至各省会的道路为"官道"，各省会之间的道路

---

① 班固. 汉书·卷五十一·贾山 [M]. 北京：中华书局，2007：514.

为"大路"。马车时代的道路虽然较之远古时期有很大的进步，但由于马车的运力有限、车速较低、爬坡能力弱，渐渐不能适应经济发展的需要和人们生活水平的提高对道路交通的要求，于是，交通和运输领域酝酿着一场新的变革。19世纪70年代，有线电报技术传入中国，此举使驿道用于传递军政命令和各地奏报的功能开始废弛，驿站和驿夫成为历史。

1901年，上海引进了中国第一辆汽车，现代化道路首先在沿海大城市出现。1905年，清末状元张謇在家乡江苏南通修建了一条6 000米长的道路，这是中国最早的为近代工业生产而建的道路，已具备了公路的某些特征。1917年，在官马大道北路的恰克图路基础上改建的张库路正式通车，成为当时最长的可以通行汽车的道路。汽车的逐渐普及使中国古代道路开始向公路转化，其生命力随着经济发展和交通运输格局的变化日益增强。

1876年，中国第一条窄轨铁路——淞沪铁路建成通车，高速度、大容量的运输使中国许多有识之士看到了它的价值。1905年，中国首位铁路总工程师詹天佑主持修建了我国自主设计并建造的第一条铁路——京张铁路，创造性采用"竖井开凿法"和"人"字形线路，震惊中外。当时积贫积弱的中国，通过建设京张铁路培养和造就了一大批爱国专业工程技术人才，提升了民族自信心，意义非凡。

新中国成立之初，解放军奉命进军西藏，毛主席指示进藏部队"一面进军，一面修路"。11万人民解放军、工程技术人员和各族民工以高度的革命热情和顽强的战斗意志，用铁锤、钢钎、铁锹和镐头劈开悬崖峭壁，降服险川大河。在4年多的时间里，川藏公路穿越整个横断山脉的二郎山、折多山、雀儿山、色季拉山等14座大山，横跨岷江、大渡河、金沙江、怒江、拉萨河等众多江河，横穿龙门山、青泥洞、澜沧江、通麦等8条大断裂带，战胜种种困难，3 000多名英烈捐躯高原，1954年建成了总长4 360千米的川藏公路、青藏公路，结束了西藏没有现代公路的历史，在"人类生命禁区"的"世界屋脊"创造了公路建设史上的奇迹，铸造了一不怕苦、二不怕死，顽强拼搏、甘当路石，军民一家、民族团结的"两路"精神。

1958年至1970年修建的成昆铁路开创了18项中国铁路之最、13项世界铁路之最，荣获"国家科学技术进步奖特等奖"，曾被联合国称为"象征 20 世纪人类征服自然的三大奇迹之一"。为了让成昆铁路途经少数民族聚居区，改善当地交通条件和生活水平，促进当地社会发展与民族团结，经党中央决策，毅然决然地选择了被苏联专家断言为修建铁路"禁区"的西线方案。先后有上万名科研和工程技术人员会战攻关，创造了一批筑路杰作。全线建有桥梁 991 座，各种桥梁技术的创新运用达到了当时世界先进水平。虽然成就非凡，但牺牲也很巨大。据统计，成昆铁路每修建 1 000 米就牺牲 2 名建设者，仅攀枝花到昆明不到 300 千米的铁路就牺牲了 525 人。成昆铁路沿线共有 22 座烈士陵园，长眠着约 2 100 名烈士。这条由血汗铸就的英雄路也是中华民族不怕牺牲的精神写照。

连接众多少数民族聚居区、纵贯天山南北的独库公路也是中国公路建设史上的一座丰碑。独库公路始于北疆独山子区，终点为南疆库车市，全长 561 千米，于 1983 年 9 月建成通车。公路大部分路段穿梭于崇山峻岭、深川峡谷，从草原到森林，到雪山，到戈壁，到悬崖……为了修建这条公路，数万名官兵奋战 10 年，其中有 168 名筑路官兵因雪崩、泥石流献出了宝贵的生命，所以独库公路又被称为"英雄之路"。它被《中国国家地理》评选为"纵贯天山脊梁的景观大道"。

中国人在交通上的探索，远不止陆上。邗沟、鸿沟、大运河、长江等水路的开发利用也取得了辉煌的成就，桥梁工程和技术世界领先，创造了多项世界之最。这些道路在中华文明绵延发展的过程中，改善了人的生存环境，扩大了人的活动范围，促进了民族融合和国家统一，在传播先进文化、推动社会进步方面，发挥了十分重要的作用。秦修驰道，车同轨，书同文，在中国历史上第一次建立了统一的国家；汉通西域，张骞、班超沿丝绸之路出使西域，传播了中华文化，也带回了西域的文明，是早期中外文化交流史上的壮举。中华人民共和国成立后，特别是改革开放以来，我国在交通建设方面取得了举世瞩目的成就，四通八达的道路网，连接起了辽阔的祖国山河，在带动新时代我国工业化和城市化、促进经济发展、提升我国综合国力方面发挥了重要作用，做出了卓越的贡献，功在当代，泽被后世。

一部交通文化史，就是一部人类文明进步史。

二、交通文化的历史基因

交通有着悠久丰富的历史，自国家出现以来，就受到历朝历代的重视。交错纵横的道路、姿态各异的桥梁、功能多样的馆驿、各具特色的舟车等，充分展示了多姿多彩的交通文化。从传统文化的角度为交通追根溯源，寻找文化定势归因，是深刻理解和把握交通文化内涵的重要基点。我国交通文化蕴含着传统文化的生命基因，充分体现了传统文化的思想。

（一）"和合"思想

"和合"思想是中国儒家、道家、墨家、阴阳家、佛家等文化流派相互碰撞、互相渗透、彼此融合而形成的人文产物，是独具东方智慧的哲学范畴和思维方式，是中华优秀传统文化审视人与自然、人与社会、人与人之间关系的根本标尺，是中华民族化解自然与社会、不同族群、不同国家、不同文明之间分歧的重要理论资源。

"和合"思想作为中华文明的精神魂魄，经过漫长的演化，早已浸润和沉积在民族文化的各个方面。就人与自然关系而言，"和合"思想已转化为"天人合一"的观念，成为中华民族延续至今的自然观；就人与社会关系而言，"和合"思想已嬗变为"和为贵"的观念，成为中华民族进行族群融合和社会建构的民族观；就人与人关系而言，"和合"思想已具象为"己所不欲，勿施于人"的观念，成为国人约束和规范自身行为的伦理观；就人与自身关系而言，"和合"思想已浓缩为"正心诚意"的观念，成为国人安身立命的义利观；就不同文明的关系而言，"和合"思想已上升为"协和万邦""天下大同""人类命运共同体""和平发展、合作共赢"的观念，成为国人对外交往的和平观。

中国传统文化是以"和合"为特征的文化，而交通正是实现和合的基本条件。古代汉语中，"交"是一个象形字，其小篆字形像人两腿交叉，本义为交叉。例如，《说文解字》中提道"交，交胫也"。《战国策·秦策》有"交足而待"。《礼记·王制》有"雕题交趾"。而"通"是一个形声字，从辵（chuò），甬（yǒng）声，本义是"没有堵塞，可以通过"。"交通"在古语中是"往来通达"之意。在现代汉语中，"交通"常被解释为凡减少或排除因地域隔离而发生困难者。这是"和合"思想的历史延续，反映在交通文化上，即人与自然的和谐、人与人的和谐、人自身的和谐。

（二）民本思想

为了维护封建社会的统治政权和正常秩序，中国历史上一些思想家和政治家提出了"民为邦本"的思想。在这一思想的指导下，在发展交通上也相应地提出了一些便民的观点和措施。

早在西周时期，周文王就注重交通便利的社会效应，他把提供交通便利作为解决经济困难和社会问题的重要政策。当时遇大旱，他在"告四方游旅"中提出"四方游旅，旁生忻通。津济道宿，所至如归"。就是告诉四方游商，这里在交通上给予各种便利，以吸引各地商人来投资经营。

在晚周诸学派中，墨子以"利"为社会伦理之基础，其中就有利民的思想。在如何利民的具体内容上，他说："车为服重致远，乘之则安，引之则利；安以不伤人，利以速至，此车之利也。古者圣王为大川广谷之不可济，于是利为舟楫，足以将之，则止。"对交通工具如何利民，他要求做到迅速、安全、便利。

《周礼·地官·遗人》说，先秦列国都有接待宾客的馆舍，"凡国野之道，十里有庐，庐有饮食"。唐代在道上每隔30里（1里＝500米，下同）建一驿站，全国有驿站1 639处，按水驿，陆驿，水、陆两用驿分为三类。从京畿腹里地区到辽阳、陕西、河南、四川、甘肃、湖广、江西、江浙、云南各行省的驿站便有了1 400多处，通往岭北行省的三条大道上有驿站119处，交通不便的吐蕃地区也设有驿站27处，从而形成"薄海内外，人迹所及，皆置驿传，使驿往来，如行国中"的局面。意大利旅行家鄂多立克记载：元朝皇帝令驿馆准备好各种生活必需品，对旅客一律免费供应两餐，使客人"止则有会馆，顿则有供账，饥渴则有饮食"。明代的交通驿馆有回廊、环廊供客人休闲散步，庭中修竹茂树，厨房、厕所清洁卫生。

"便民利民"也是现代交通文化的重要思想。现代交通文化的本质上是人民至上的文化。《交通强国建设纲要》明确要求"坚持以人民为中心的发展思想""到本世纪中叶，全面建成人民满意、保障有力、世界前列的交通强国"。交通大国向交通强国迈进，是"国之大者""民之向者"，其所彰显的民生价值是对传统"民本"思想的跨越性升华和创造性继承。交通先行以民为本，尊重人的主体性，深刻回应了中国文化的本质和未来。

（三）伦理思想

中国的伦理道德思想十分丰富，包含了道德本原问题、人性善恶问题、道德准则问题、义利关系问题等。其中，儒家伦理思想是反映中国宗法等级制度、代表封建地主阶级利益的一种道德理论，在我国封建社会中占据主导地位。我国古代的交通文化也受到儒家伦理思想的影响。

我国古代的道路因地区和时期不同而差异较大，官道通常较为平坦，但山区和边远地区的道路则大多崎岖难走，交通工具又复杂多样，朝廷为此制定了一系列交通规则来规范交通行为。贞观十一年（637年），唐太宗李世民颁发了《唐律·仪制令》，其中有一条为："凡行路巷街，贱避贵，少避老，轻避重，去避来。"所谓"贱避贵"，指普通百姓、奴婢等要给达官贵族让路；"少避老"指年少者要给年长者让路；"轻避重"指轻车轻骑以及携带较少物品的人要给负重的车骑或脚夫等让路；"去避来"指下坡的人要给上坡的人让路，行人要避让同向相行的车马。其中的"少避老，轻避重，去避来"与现代交通礼制的"礼让三先"有异曲同工之妙，但是"贱避贵"却有着浓厚的封建色彩，体现了古代等级社会的伦理观念。

交通强公益性的文化品格与儒家思想重义轻利的价值观也相互契合。孔子主张"见利思义""义以为上"，孟子主张"生，亦我所欲也，义，亦我所欲也。二者不可得兼，舍生而取义者也"。长久以来，中国人在处理义与利的问题上价值导向十分明确。当代日益严重的能源资源危机、生态环境危机等人与自然的矛盾，以及交通权益、资源分配等人与人的关系应对，归根结底是义（伦理价值）与利（经济价值）之争。价值序位决定话语秩序，传统文化民生视角的话语道义为正确理性处理二者的关系提供了经验借鉴。基于此，交通先行是基于前瞻性规划和义利兼顾的"耐心资本"和"预应设置"①。

---

① 姜维维. 先行与先机：交通文化的优势要素与思政话语构建 [J]. 市场周刊，2022（12）：12-15.

（四）富民思想

主张藏富于民是中国古代思想家的一贯经济思想。他们把增加人民的物质财富视为实现治国安民的基本原则。先秦《尚书》中有"裕民""惠民"的观点，《周易·益》有"损上益下，民说无疆"，都把重视人民的利益视为统治者的德政。孔子提出"足食""富而后教"的论点，把增加人民的物质财富作为实施礼乐教化的基础。他的富民措施主要是"因民之所利而利之"（《论语·尧曰》），即实行宽惠的经济政策，让人民获得利益，同时要求统治者节用薄敛。他把人民的富足视为政府获得充足财源的基础，主张民富先于国富，国富建立在民富的基础上，这就是著名的"百姓足，君孰与不足？百姓不足，君孰与足"。墨家认为求富的途径在于自己的努力劳动，"强必富，不强必贫；强必饱，不强必饥"（《墨子·非命下》）。"富民"是中华文化一以贯之的思想。

战国时期赵国思想家、教育家荀子在提出富国富民思想时，十分强调交通基础建设。京杭大运河与丝绸之路的开拓，带来"胡商云集，货物畅通"，促进了地方富庶。交通发展是古代各王朝财富多少的重要标志。《礼记·曲礼》中就有"问士之富，以车数对"的记载。《旧唐书·崔融传》记载，唐代一个名叫崔融的官员在描绘武则天统治时期的繁荣景象时，就以水道交通的发达作为代表。书中写道："天下诸津，舟航所聚，旁通巴汉，前指闽越。七泽十薮，三江五湖，控引河洛，兼包淮海，弘舸巨舰，千轴万艘，交贸往还，昧旦永日。""要想富，先修路"，以交通的发展促进经济的发展也是现代交通文化的重要思想基础。

（五）开放思想

古人很早就认识到交通在对外交往中的作用。从夏商周至秦汉唐宋元明等各个朝代，我们的祖先就在更广阔的空间和地域上探究，从陆疆走出去，开拓了陆上丝绸之路；从海洋上漂出去，开拓了海上丝绸之路。

秦汉时期，随着国内交通区域的拓展，开始和域外有了往来。秦始皇时，曾派遣徐福率领数千人入海。汉自武帝始，在南海方面开始了远距离的交通。形成于两汉时期的丝绸之路，是中国古代经由中亚通往南亚、西亚，以及欧洲、北非的陆上贸易交往的通道，成为连接东西方文明的纽带。丝绸之路为中西物质文化和精神文化的交往做出了重要的贡献，东西方文化交往的佳话和传说在丝绸之路上千古流传。

明朝时期，中国航海家郑和七下西洋，历时28年。这不仅是中华民族历史上的伟大创举，更是世界航海史上的奇迹。郑和船队历经亚非30余国，涉10万余里，与各国建立了政治经济文化联系。郑和船队高扬和平友好、交流合作的旗帜，不会在所到之处炫耀武力，而是馈赠礼品、迎送使节、和平贸易、遵守宗教礼仪等，为维护世界和平秩序、保护商路畅通、开展各国友好交往做出了伟大的贡献。郑和七下西洋也证明了中华民族在历史上就致力于同各国人民进行睦邻友好往来和经济文化交流，建立一个和谐的世界，使全世界共享太平之福。这一切都说明，交通在古代就是实行对外开放的重要途径。

新加坡从20世纪80年代就开始推行以中国儒家传统文化为中心内容的"文化再生"运动。1978年在国庆献词中，时任新加坡总理李光耀曾说："也许我英语比华语好，因为我早年学会英语，但是即使再过1 000个世代，我也不会变成英国人。我心中所信守的不是西方的价值体系，而是东方价值信念。"由此可见，开放的心态是建设现代交通文化的基本要求。

第三章　交通文化传播

人类文化的丰富性，在很大程度上归功于文化传播。在文化传播过程中，文化特质或文化要素从一个区域传播到另一个区域，从一个群体传播到另一个群体，从一个时代传播到另一个时代，呈现为文化传递、扩散和流动的现象，大大促进了人类社会的发展与进步。

第一节　交通文化传播的概念

文化传播是"人们在社会交往活动过程中产生于社区、群体及所有人与人之间共存关系之内的一种文化互动现象①"。交通文化传播是一个看似简单、实则复杂的词语，属于文化传播的范畴。为了准确地理解这个词语，我们对传播、文化传播、交通文化传播进行简单的梳理。

一、传播

在中国古代，"传"与"播"最初是分开使用的，它们与"布""流""宣""扬""通""递"诸字同义，在用于人类信息交流时，其义位相同而义项各异。"传"可以表示信息的纵向传递，如"传旨""传法""传诏"，也可指信息的横向传递，如"传奇""传布"；"播"指广泛地宣传

---

① 周鸿铎. 文化传播学通论 [M]. 北京：中国纺织出版社，2005：18.

和散布，如《国语·晋语三》："夫美人于中，必播于外而越于民，民实戴之。[1]"

"传""播"连用，最早见于《北史·突厥传》："宜传播天下，咸使知闻。[2]"其义为长久而广泛地宣布、传扬。但在我国古代，"传播"一词的使用并不广泛，大量使用"传播"这一概念是近现代的事[3]。如今，"传播"已是一个出现频率极高的日常用语，意指某种事物或思想的传递和散播。在汉语中，"传播"强调事物或信息从一方到另一方的单向流动，如传播知识、传播思想、传播消息等。

传播学中的"传播"一词，译自英语 communication，含义与汉语中的"传播"有所不同。communication 源于拉丁语的 communis，含有双向的、共享的意义。与汉语"传播"相比，communication 的词义更加丰富，包括通信、会话、交流、交往、交通、参与等十几种含义，更加强调交互、双向的交流方式。19 世纪末，communication 已经成了日常用语，主要指人类传递或交流信息、观点、感情或与此相关的交流活动。

20 世纪初，一些学者自觉地将传播作为学术研究的对象。美国社会学家库利（C. H. Cooley）在 1909 年出版的《社会组织》中，提出了一个广为人知的关于传播的定义："传播指的是人与人关系赖以成立和发展的机制——包括一切精神象征及其在空间中得到传递、在实践上得到保存的手段，包括表情、态度和动作、声调、语言、文章、印刷品、铁路、电报、电话，以及人类征服空间和时间的其他任何最新成果。[4]"

1911 年，美国学者、符号学创始人皮尔士（Charles S. Peirce）在《思想的法则》中提出："直接传播某种观念的唯一手段是像（icon），即使传播最简单的观念也必须使用像。因此，一切观点都必须包含像或像的集合，或者说是由表明意义的符号构成的。"相比库利对社会关系的重视，皮尔士更加强调符号在传播中的特殊作用，认为传播是运用符号来传递意

① 徐元诰. 国语集解［M］. 韦昭，注. 北京：中华书局，2019：321.
② 李延寿. 北史（卷九十九）［M］. 北京：中华书局，1974：3294.
③ 方汉奇. 中国近代传播思想的衍变［J］. 新闻与传播研究，1994（1）：9.
④ 库利. 社会组织［M］. 展江，何道宽，译. 北京：中国传媒大学出版社，2013：48.

义的过程。

从 20 世纪 40 年代信息科学诞生以后，许多传播学家在界定传播概念时都突出强调了传播的信息属性。例如，著名传播学者施拉姆（Wilbur Lang Schramm）在《传播是怎样运行的》中写道，当人们从事传播的时候，也就是试图在与其他人共享信息——某个观点或某种态度……传播至少要有三个要素：信源、讯息和信宿。传播学者阿耶尔在《什么是传播》中认为，传播在广义上指的是信息的传递，它不仅包括接触新闻，也包括表达感情、期待、命令、愿望或者其他任何什么。我国学者也十分重视传播的信息属性，认为传播是社会信息的传递；传播是信息的双向流通过程；传播，即传授信息的行为（或过程）等，强调信息流动的双向性[1]。目前，国内还有一个将社会学视点和信息科学视点加以结合的定义，"所谓传播，即社会信息的传递或社会信息系统的运行"[2]。

二、文化传播

文化传播是人类基本的社会文化实践方式之一。关于文化传播的定义，不少学者也有不同的表述。美国学者菲利普·巴格比认为，文化传播是指特殊的特质和集结从一种文化向另一种文化的传播[3]。戴元光、金冠军在主编的《传播学通论》中写道，文化传播是研究文化和传播的互相影响及其影响规律的学问。广义上，通常把传播精神信息的方式都视为文化传播，或者说，精神信息传播行为都是文化传播行为。狭义上，文化传播主要是指传播的过程中文化发生的变化，以及文化的变化对传播的影响，泛指对文化信息的传播，重点研究传播对人类文化行为、文化习俗的文化传承作用。文化传播关注社会成员怎样分享并互相传递知识、态度、习惯、行为模式及效果[4]。

文化传播是以文化信息为媒介内容的传播，是一个群体的文化要素流

---

① 胡正荣，段鹏，张磊. 传播学总论 [M]. 2 版. 北京：清华大学出版社，2008：51.
② 郭庆光. 传播学教程 [M]. 北京：中国人民大学出版社，2011：4.
③ 巴格比. 文化：历史的投影 [M]. 上海：上海人民出版社，1987：165.
④ 戴元光，金冠军. 传播学通论 [M]. 2 版. 上海：上海交通大学出版社，2007：93.

向另一个群体，并被融合进后者自身文化的过程与结果。文化传播是人类交流、开化的特殊形式，也是传播的特殊范畴之一。

文化传播在人类文化进程中起着重要作用，同时促进了文化的同一性和多样性，为文化向更高层次的发展提供了必不可少的驱动力。在不同文化的传播过程中，人们通过比较，意识到自身文化的缺陷与不足，发现自身文化具备走向更高一级的潜力，从而主动地模仿和学习先进的文化，在一定的历史时期内完成文化的递进。文化传播使不同的文化群体在许多方面得到共享和互补。文化传播为文化变迁准备了基础条件，少量的文化传播有时只触及文化的表层结构，如物质文化，但如果传播的力度和深度触及了文化结构的核心，引起了文化模式与社会性质的改变，便实现了文化变迁。

文化需要通过传播得以延续和发展，而传播也需要文化得以丰富和生动。文化与传播犹如一枚硬币的两面，互为表里。不存在无文化的传播，也不存在无传播的文化。人类文化的丰富性，很大程度上归功于文化传播。在文化传播过程中，文化特质或文化要素从一个区域传播到另一个区域，从一个群体传播到另一个群体，从一个时代传播到另一个时代，呈现为文化传递、扩散和流动的现象。文化传播的过程也是文化创造的过程、实现其价值的过程。

同时，文化传播归根到底是人的一种社会活动，是一种人与人沟通的文化交往活动。它是"一个极为复杂的由无数相互交错、相互作用的个人因素所形成的文化动力学过程。文化传播不仅受社会集团的共同意识制约，也受个人社会心理、思想意识、价值观念的影响"①。

一部人类文化的发展史，也就是一部人类文化的传播史。由于文化传播这个系统极其复杂庞大，我们将文化传播分为一般性文化传播、专门性文化传播和系统间文化传播三种形态。

一般性文化传播是指人们在一切社会活动中普遍发生着的文化传播，比如吃饭穿衣本是生存的基本手段，然而吃饭的方式、衣着的款式却包含

---

① 林坚. 文化学研究引论［M］. 北京：中国文史出版社，2014：86.

着文化观念、文化规范、文化时尚、文化修养等问题。

专门性文化传播是指职业化的文化传播活动，其典型形态有两种，一种是文化教育，另一种是文化基本活动。

系统间文化传播是指不同系统之间的文化发生交流时，形成了系统间文化传播（或称跨文化传播）。通过许多个体的跨文化传播，不同系统的文化得到了相互交流，并且彼此借鉴、吸收、认同，最终融为一体。

三、交通文化传播

文化是人类实践的产物，从它形成的那一天起就为人们所熟知。但是，特定文化的影响范围也是有限的，并非所有的人群都认同一种文化。因此，要发挥文化的统摄和化人力量，特别是行业文化要更好地发挥其凝聚行业精神、塑造行业形象的功能，就必须注重文化的传播与弘扬。

交通文化传播是指人们对交通文化（包括交通物质文化、交通规范文化、交通精神文化）进行分配、传递和共享的活动。交通文化传播既属于一般性文化传播，也属于专门性文化传播，同时还属于系统间文化传播。事实上，人类所有的交通活动，都是交通文化传播的过程。因此，交通文化传播既包括有目的、有指向的自觉的传播活动，也包括无意识、随机的自发的传播活动，前者是我们研究的重点。

美国学者爱德华·霍尔（Edward Twitchell Hall）曾说，人类的任何传播都离不开文化，没有传播就没有文化。一方面，文化的形成和发展受到传播的影响。传播促成文化的整合、文化增殖、文化积淀、文化分层、文化变迁和文化"均质化"。传播对文化的影响不仅是持续、深远的，而且是广泛、普遍的。另一方面，文化对传播也有着十分重要的影响，这种影响体现在传播者对受传者的文化意义，同时还体现在传播媒介及传播过程之中。传播与文化的互动表明，文化与传播在很大程度上是同质同构、兼容互渗的。从这个意义上说，文化即传播，传播即文化。交通文化与传播的关系也类似于此。

首先，传播功能是交通文化的首要和基本功能，交通文化的其他功能都是在这一功能的基础上发展起来的。文化的传播功能是指文化活动所具有的传播能力及其对社会所起的作用或效能。如果交通文化把自己同外界封闭起来，把"本文化"与"他文化"割裂开来，不进行交流与传播，交通文化便不会葆有生机和活力。

其次，传播是促进交通文化变革和创新的活性机制。传播是文化的内在属性和基本特征，交通文化不是静态的文化，而是发展变动的文化，是一个活的流体，是一个不断演化的生命过程。这个过程本身就是一种向外扩散和传播的过程，能够促进交通文化的整合、变迁与增殖。

最后，交通文化在传播的过程中得以生成和发展。从文化传播的过程来看，交通文化信息的收集、选择、加工、编辑和传播，处处包含了人类的智慧，彰显着文化的创新，这是交通文化生成和发展的基本条件。正如美国语言学家、人类学家爱德华·萨皮尔（Edward Sapir）所说："每一种文化模式、每一个社会行为都涉及交流，都与传播有或明或暗的关系。"[①]

交通文化传播意味着交通行业的行业价值观、行业精神等通过一定的途径和形式向行业内外公众宣传、展示和传递，进而达到认知和认同的过程。交通文化传播是交通文化建设工作中的重要一环，如果交通文化不能清晰、有效地传播，交通文化就会鲜为人知，从而不能真正发挥文化在交通行业中的精神动力和智力支持作用。

第二节　交通文化传播的功能和意义

交通是经济的脉络和文明的纽带[②]。交通文化是人类社会存在的条件之一，是人类把握交通的独特方式，也是人类交通进步的动力源泉。交通文化传播，具有重要的功能和重大的意义。

---

① 施拉姆，波特. 传播学概论 [M]. 2 版. 何道宽，译. 北京：中国人民大学出版社，2010：3-4.

② 习近平. 与世界相交 与时代相通 在可持续发展道路上阔步前行：在第二届联合国全球可持续交通大会开幕式上的主旨讲话 [N]. 人民日报，2021-10-15 (2).

一、交通文化传播的功能

交通文化传播的功能和交通文化本身的功能存在相同之处，都体现在"内聚人心、外塑形象"两个方面，都具有凝聚功能、导向功能、激励功能和约束功能。此外，交通文化传播还具有提供信息、社会协调、实施舆论监督、传播知识并丰富人们的生活等功能。

（一）凝聚功能

"文化的力量，深深熔铸在民族的生命力、创造力和凝聚力之中。"①交通文化传播的凝聚功能是指交通文化经广泛传播被交通人认同后，就会产生一种巨大的向心力和凝聚力，形成强烈的集体意识与团队精神，大家就会为实现共同的理想与追求而齐心协力、共同奋斗。先进的行业文化是一种精神、一种动力、一种底蕴，是无形的纽带，正如一个民族不可隔断是有赖于共同的文化、共同的心理等因素一样，交通文化作为全体交通人普遍接受的价值观，同样也是凝聚交通员工的力量。将个体凝聚为一个团结的集体，主要靠一种心理的力量，如态度、知觉、信念、动机、习惯及期待等。交通文化依靠交通员工认同的目标、准则、观念等将员工统一起来，通过交通文化的熏陶，培养员工间的感情，而这种感情又成了道德信念、原则和精神力量的血脉。交通文化与员工情感之间的良性循环，将造就朝气蓬勃的、负有使命感的集体，这也是交通行业兴旺发达的源泉。

（二）导向功能

交通文化传播的导向功能是交通文化传播后对交通行业和交通员工的价值取向和行为取向起导向作用，使其与交通组织所确立的价值取向和目标保持一致。这主要表现在两个方面：一是对交通成员的思想行为起导向作用，把每个员工的思想引导到交通组织所确定的文化态势和发展目标上来，交通组织提倡什么、崇尚什么，员工注意力就转向什么。二是对交通行业的价值取向和行为起导向作用。交通文化一旦形成，它就建立起自身

---

① 路柳. 关于地域文化研究的几个问题：第一次十四省市地域文化与经济社会发展研讨会综述 [J]. 山东社会科学，2004 (12)：88-92.

系统的价值和规范标准。交通文化就像一面旗帜，引领交通人自我激励、自我发展、自我约束、自我完善。交通文化通过精神激励，来引导交通人的思想、规范交通人的行为，为推进交通建设提供精神动力。

（三）激励功能

交通文化传播的激励功能是指交通文化的传播，能够增强交通员工的使命感和责任感，激发交通员工的积极性和创造性，使广大员工情绪高昂、积极进取，乐于参与交通建设，乐于发挥聪明才智，为实现共同理想和自身价值而不懈奋斗。交通文化传播的激励功能主要有以下特点：它是内部激励，不是外部激励；它是软激励，不是强制性激励；它是精神激励，不是物质激励；它是持久激励，不是短期激励。交通文化以其明确的价值观、道德观去指导人们的行动，通过扬善抑恶、奖优罚劣等措施来培养适应交通发展的员工队伍。交通文化传播的激励功能，集中体现在激发员工的积极性、创造性上。经营措施的实施，现代管理方法的应用，离不开员工奋发向上的精神状态。交通文化传播能够创造一种群体气氛，使员工受到熏陶和感染，激发员工的工作热情和责任心。

（四）约束功能

交通文化传播的约束功能是指交通文化的传播对交通员工的思想和行为具有自觉的、无意识的约束作用，使其符合交通组织的既定价值观念，实现交通发展的目标。如果交通员工的思想、行为与交通组织的目标、价值观念不一致，员工就会受到群体的无形压力，就会感到孤独、恐惧，就会受到自己良心的谴责。交通文化传播，能够使交通人有知荣知耻与尊荣拒耻的观念，使交通人的行为受到社会荣辱观的激励和约束，从而营造出健康、积极向上的良好环境氛围，教育和引导交通人在交通事业中戒除骄奢之风，秉承艰苦奋斗的传统，不断实现新的跨越。

（五）提供信息功能

信息是人们决策的前提。党和政府、各行各业、各种组织直至每个人，都需要获得足够信息才能在社会上生存、发展。在现代社会，随着交通和传播技术的进步，人们工作与生活的范围扩大，需要了解的信息也越来越多。然而，只靠人的亲身体验并不足以了解周围的世界，大众传播正好可以使人们知晓世界的变化。美国传播学者拉斯韦尔（Harold Lasswell）与赖特（Charles Wright）认为，大众传播为人类的生存与发展提供了必要的预警，起到了"社会雷达"和"瞭望哨"的作用。从这个意义上讲，交通文化传播，能够使人们及时了解交通出行的最新变动，从而采取必要的举措来应对这些变化。

（六）社会协调功能

拉斯韦尔（Harold Lasswell）认为，大众传播具有社会协调的功能。为了保证交通系统的良好运行，人类需要对交通文化进行宣传、解释和评价，以调节人与人之间的交通行为和社会关系。

一方面，人类在改造自然、发展交通的过程中，必须遵循自然规律，与自然和谐共处。为此，人类逐渐形成了一系列交通习俗，来协调人与自然、人与人的关系。例如，汉江是重要的水上运输通道，其中，汉中至汉口段滩多、水浅、暗礁险，船工俗语说："十里汉江九里滩，过滩如过生死关。"还编有民歌："铜锣三湾五溜子，舵工眼睛急得鼓豆子，客商急得像舅子，太公娘子急得挽袖子。"在这种极为险恶的航行条件下，江船航行的规矩和习俗便分外严格。

另一方面，为了保障交通运输正常进行，所有的交通参与者必须遵守一定的交通规范，包括交通法律制度、交通伦理道德、交通礼仪习俗等，以调节人与人、人与交通之间的关系。如清代末期，马车、小车、人力车、轿子同行在马路上，十分拥挤，屡屡发生交通事故。为此，上海公共租界工部局张贴告示，并于同治十一年（1872年）农历五月二十二日在《申报》上以《工部局告示》刊登出来，具体内容照录如下：

（一）凡马车及轿子必于路上左边行走。

（二）或马车及轿子于路上行走后又有马车或轿子行走，如前之车轿走快则后跟之，马车必须赶从右边过去。

（三）凡轿子往来必由大路，不许从旁路行走。

（四）凡小车必由大路左边往来，惟不许走旁路，即由大路与旁路相近之路行走。

（五）凡小车必在定规之处，毋得于路上往来逗留。

（六）凡马车自日落一点钟之后至日出一点钟之先必得点灯，如违章程每车罚洋五元。

（七）凡马车于十字路来必得走慢，譬如地界内西至东为马路，北至南为岔路，如车由岔路上来必得谨防与马路之来车碰撞。

（八）凡车上跑马以及马车往来，巡捕人必得照应不准过速。

这一交通规则规定了各种车辆、人马各行其道，入夜点灯等最简单的要求，使散漫的车马、人、畜有纪律、有规则地通行在路上。

（七）实施舆论监督的功能

没有监督的权力必然是腐败的权力。监督是多种多样的，包括行政监督、司法监督、党的纪律监督等，但如果没有大众媒介的舆论监督，就不可能对违法乱纪行为和腐败分子产生强大的威慑力。交通领域的舆论监督范围是广泛的，媒体通过对交通政策法规及其执行情况的传播，能够使交通决策实现民主化、科学化，监督交通法令和政策的执行、实施情况，监督交通行业公务人员遵纪守法、勤政廉政情况，监督交通运输市场的公开、公正、公平情况，从而起到维护交通运输的正常秩序和良性发展的作用。

（八）传播知识并丰富人们的生活的功能

人类社会的生存与发展，离不开对前人知识与经验的继承和学习。交通文化是人类世世代代交通知识与经验的积累，其中的交通知识技能、交通礼仪习俗、交通思维模式等，都深刻地影响着当代人的工作、学习和生活。除了家庭、学校之外，大众传媒对于交通文化的传播可以丰富人们的交通知识，启发人们的思考，提高人们认识交通、使用交通与改造交通的能力。

大众媒体提供的交通文化信息中，有一部分是为了满足人们放松、娱乐的精神需要。例如，汽车摩托车拉力赛、越野赛、卡丁车赛、汽车展销会等交通文体活动、交通纪念活动、交通庆典活动、交通展示活动和交通文艺作品，其本身就属于交通文化传播行为，具有审美、娱乐的功能，从而丰富人们的生活。

二、交通文化传播的意义

交通文化传播，无论是精神层面、制度层面还是物质层面，都向外展示了交通行业、交通组织、交通人的社会责任、精神追求、行为规范和外部形象，对于公众认识交通行为和交通现象、探索交通发展规律、促进交通事业和经济社会发展具有十分重要的意义。

（一）保护和开发传统交通文化，培育弘扬新时代交通文化

有学者认为，交通文化是一个民族的性格、传统与作风在交通活动中的再现。例如，美国人注重"光荣与梦想"，做事喜欢奢华气派，于是有了美国式的公路网。日本人极端务实，讲求高效实用，于是制造出日本式的小型汽车。此外，威尼斯的木船、法国式的吊桥、俄罗斯的三套车，无不是各自民族文化的充分展演①。

交通作为一种人类社会的生产、生活和交往形式，不仅受到政治、经济、文化背景的影响，也能够对政治、经济、文化等社会各个领域以及交通参与者产生重要影响。现代交通对人类生活方式和全球性社会制度的影响更是不言而喻。与一般意义上的文化类似，交通文化本身具有示范、教化的作用，交通文化传播也相应地具有宣传、教育功能。

交通文化传播对于人们深刻认识交通与文明进步、交通与国土开发、交通与城乡聚落体系建构、交通与民族融合及国家统一、交通与人口移动、交通与自然资源开发、交通与市场互动、交通与文化传播、交通与环境变迁、交通与地域整合、交通与生活方式演化、交通与中外文化交流，以及交通方式、交通器具、交通范围、交通制度、交通效益、交通价值等重大历史、文化及文明问题等都具有广泛而深远的意义，有利于挖掘历史资源和典型案例，保护和开发交通文化遗产，赋予当代交通更多价值，赋予当代文化更多内涵。

交通文化具有传承性，通过纵向传播，人们继承与总结前人的交通运输知识经验，以便减少当前交通活动中的困顿艰险，使现在的交通运输更

---

① 李春. 从青岛开发看德国交通文化 [J]. 北京交通管理干部学院学报，2005（3）：15-18.

加高效、便捷、舒适。同时，交通文化还具有时代性，在传播交流中不断发展创新，呈现出新的内容和特点。交通文化传播是培育新时代交通文化的动力和源泉。

例如，在汽车社会早期，车德缺失的问题表现较为突出，有恃无恐忘乎所以的狂妄症、明知故犯久禁不止的酒驾醉驾症、争强好胜赌气斗车的路怒症等出现在驾驶员身上，而交通文化广播可在车德建设中发挥重要的正向作用。首先，交通文化广播可以进行议程设置，吸引公众共同关注交通安全文明问题；其次，交通文化广播可以传播交通知识，提升公众对于交通安全文明基本常识的认知；再次，交通文化广播可以进行舆论监督，旗帜鲜明地批评车德缺失的陋习；最后，交通文化广播可以宣传遵守文明礼仪的先进典型。交通文化传播通过广泛、长期地宣传引导，使公众逐渐形成安全文明的交通观，进而形成新时代的交通文化。

交通行业在较低级发展阶段主要是满足人们"行"的生存需求，到达较高级发展阶段时，则要求在功能性基础上提供精神性满足，使人在"行"的过程中感到愉悦，具有满足感和舒适感。例如，铁路发展进入高铁时代，快捷、舒适、优雅的乘车环境，使人们可以享受愉快的旅程。交通行业发展到更高级阶段（交通的审美阶段）时，还能使人有怡然自得的精神享受，使人感受到生活十分美好，甚至产生刹那间时空永恒的"驻在感"，它能够传递给人们交通行业所孕育的强烈的人文价值，并使身处其中的人感受到浓郁的人文气息。交通文化传播，就是要唤醒交通人的文化自觉和使命意识，同时以交通精神和交通文化来培育与现代交通相匹配的交通参与者，进而满足人的需求、促进人的发展。

在绵延数千年的历史长河中，勤劳智慧的中华民族创造了形式多样、绚丽多彩的交通文化，充分展示了中国交通发展在实用价值、科技成就、民族特色、地域特征和艺术价值等方面的人文内涵。改革开放以来，中华民族独具特色的传统文化与现代科学思想相结合，在交通发展的各个领域又不断地孕育了新的思想和新的理念，创造了颇具现代意识和行业特色的交通文化，为交通文化的发展增添了更加丰富的内涵和更加亮丽的色彩。交通文化传播，对于继承与创新交通文化，弘扬交通核心价值追求，丰富交通发展在民族特色、地域特色和艺术价值方面的文化内涵，发展更具中国特色的现代交通文明，具有举足轻重的意义。

（二）提升交通文化软实力，推动交通强国建设

建设交通强国是以习近平同志为核心的党中央立足国情、着眼全局、面向未来作出的重大战略决策，是建设现代化经济体系的先行领域，是新时代做好交通工作的总抓手。

文化是人类社会文明的重要标志，是经济社会发展的强力引擎。交通行业是支撑经济发展、促进社会进步的基础性、先导性产业，是财富之脉、文明之母。正如历史学家严耕望老先生所说："交通为空间发展之首要条件，盖无论政令推行，政情沟通，军事进退，经济开发，物资流通，与夫文化宗教之传播，民族感情之融和，国际关系之亲睦，皆受交通畅阻之影响，故交通发展为一切政治经济文化发展之基础，交通建设亦居诸般建设之首位。"[1]

交通强国建设的基础是交通文化。建设交通强国，需要提升交通运输硬实力，同时也离不开进一步提升交通运输软实力。交通工具、通路设施等硬件及交通科技水平等构成交通运输硬实力；交通理念、交通规范、交通精神、交通习俗等价值层面的内容以及交通管理构成交通运输软实力。硬实力和软实力相互影响、相互作用，共同构成了交通强国的综合实力。

交通文化传播，有利于提升交通行业的影响力和竞争力，为交通事业又好又快发展创造良好的外部环境，让全社会认识交通、理解交通、支持交通。交通文化传播，有利于提升交通参与者的认知，引导交通参与者的观念和行为，建立良好的交通意识和交通伦理，有效提升交通管理水平和效率。交通文化传播是提升交通文化软实力、推动文化强国和交通强国建设的基础性文化工程。

2019 年 12 月，交通运输部印发的《关于进一步提升交通运输发展软实力的意见》（以下简称《意见》）指出："持续深化交通运输思想政治教育工程、核心价值践行工程、宣传舆论引导工程、文化建设示范工程、行

---

① 严耕望. 唐代交通图考 [M]. 上海：上海古籍出版社，2007：1.

业文明创建工程，自觉承担起举旗帜、聚民心、育新人、兴文化、展形象的使命任务，着力为加快建设交通强国提供强有力的理论武装、精神动力、文化条件和舆论支撑。"《意见》强调了交通运输软实力的重要作用，同时也明确了交通文化传播是提升交通运输软实力的重要途径。

（三）提升国家、地区和城市形象

国家、地区和城市形象是一个国家、地区和城市各显性和隐性构成要素之间相互作用及其在与社会沟通作用下产生的互动机能表现形式，是公众对其的总体评价和认知，包括表达结构、个性和意蕴的理念形象、行为形象、视觉形象等。

根据法国思想家居伊·德波关于"景观社会"的阐释，交通文化本身从属于景观社会，即交通文化景观，主要包括两个方面：一是以物质形式存在或表现的形象系统，主要是指由地域的地貌、植被、水文、地表状况所构成的自然交通空间系统和人工交通设施实体、道路空间、街路绿化等人工设施环境。二是以观念形式存在或表现的意识和伦理。交通意识是指交通行为人对自己的交通行为与连带性强的交通运行状态之间关系的认知程度和基本态度，以及根据交通规则和交通行为后果的判断，对出行中发生的随机过程做出的行为选择。交通伦理则依托于交通意识的自觉性，具有自我规范交通行为的作用，指向"应该如何"的境界，并主动协调自身交通行为选择与道路交通运行相互关系的特征。

交通能直观地体现一个国家、地区和城市的发展状况，特别是作为交通重要要素的公路、水路交通，更能反映该国家、地区和城市的文化特色、历史底蕴和文化积淀，是交通文化的重要载体和外在标志。例如，通过公路交通为社会提供的公路产品、公路线形、公路绿化、公路标识、公路建筑物、公路服务所展示出来的公路形象，直接体现了交通文化的外在性。又如，交通行业徽标作为一种形象标志，其特有的视觉直观性和交通文化内涵，可以提高社会对交通事业的认知度，是宣传城市交通、树立城市形象的重要手段。

交通文化景观是景观社会的轮廓和骨架，是一个国家、一个地区、一座城市的窗口，能给予观者对于一个国家、一个地区、一座城市深刻的第一印象。良好的形象能够让内部居民及来访者感觉到舒适，对内增强凝聚力和向心力，对外增强辐射力和吸引力，进而激发发展机遇和发展活力。传播优秀交通文化，有利于建构有序和谐的交通文化生态景观和高效完善的交通生态组织，对国家、地区和城市形象具有整合和提升作用。

首先，交通文化融入整个国家、地区和城市形象建设之中。交通是人们生活、工作、学习的一部分，国家、地区和城市形象中的精神形象、行为形象、环境形象、政府形象、经济形象等都离不开人的交通行为，都包含交通文化的内容，带有交通文化的特色。这也是交通文化互动性、全民参与性的集中表现。

其次，交通文化的地域性和目的性特征对国家、地区和城市形象的整体性和个性化的形成至关重要。交通文化的地域性在很大程度上影响着居民的素质和政府形象，它恰恰也是国家、地区和城市个性化的重要体现。交通文化的目的性使国家、地区和城市形象的各个方面得以统一。

最后，交通文化的多样性、层次性丰富了国家、地区和城市的形象内涵，交通文化的传承性和时代性描绘了一个国家、地区和城市的过去、现在和未来。值得一提的是，现代信息交通的发展，对国家、地区和城市的形象传播、整合作用更加明显，能够有效提升国家、地区和城市的知名度和美誉度。

第三节　交通文化传播的研究成果及建议

改革开放以来，中国交通事业进入了一个新的历史阶段，取得了骄人的成就。社会物质层面的急剧变革，必然需要精神层面的变革与之相适应。过去，我们多从交通与经济、政治关系角度，或从纯技术角度研究交通发展问题，忽视了从文化角度研究交通发展问题。如果交通文化层面的建设跟不上交通物质层面的建设步伐，就有可能使交通事业迷失发展方向、缺失精神动力。因此，研究交通文化及其传播，具有十分重要的意义。

一、交通文化研究成果

关于交通文化研究的成果可以简单归纳为古代交通文化研究、近现代交通文化研究、当代兴起的交通精神文化研究三个方面。

（一）古代交通文化研究

中国古代交通文化是中华文明的重要组成部分。早在周文王时代的治国大法（"洪范"）中，就把"居住交通"列为"八政"之一，设置"司空"一职主管民众的居住交通。可见早在 3 000 多年前，交通就受到重视。古代交通与交通文化发展研究成果主要包括以下三个方面：

（1）古代交通工具的制造与运用，包括水上交通工具和陆上交通工具两个方面。

一是水上交通工具。据《辞海》援引古典文献："燧人以匏济，伏羲始乘桴，轩辕作舟。"这里的匏是葫芦，桴即小筏子。《论语·公冶长》："道不行，乘桴浮于海。"可见，在人类造舟之前，已学会利用匏、竹木编排而成的筏子（后来又有牛羊皮做的皮筏子）来涉水解决交通问题。

自舟被发明以来，水上交通工具就以舟船为主。从性质上说，现代舰船都是古代舟船的发展，在性质上属于同类产品。经过几千年的发展，水上舟船的类型不断增多，技术水平也不断提高。

从春秋战国到 18 世纪，我国水上交通经历过几个大的发展时期，有几项著名工程。

第一个大发展时期或第一项大工程，是秦始皇开凿灵渠。灵渠长约 33 千米，历代有疏浚改建。唐代筑斗门 18 座、宋代为 36 座、清代为 32 座，顺次启闭，增高水位，使船只能越过高地，既利舟楫，又利灌溉。灵渠的斗门为船闸的先导，是世界上最早的通航措施。

第二个大发展时期是隋朝。在水上交通发展方面，隋朝做了三件大事：一是开凿大运河；二是征服"长江天堑"；三是征服台湾海峡。

第三个大发展时期是明代。郑和七下西洋，历时 20 余年，共经历亚非 30 多个国家。据记载，郑和第一次远航共有船舶 62 艘，乘员 27 000 多名。船长 44 丈，宽 19 丈，每船可容千余人，是当时海上最大的船只。船上有航海图、罗盘，拥有当时最先进的航海技术。

此外，在唐代，我国对朝鲜、日本的海上航行技术就已相当发达。所有这些，构成了我国古代水上交通文化的物质基础。

从国外的情况看，水上交通发展的历史也十分悠久。古埃及尼罗河流域的航运，地中海文明圈的海上运输，在技术上都已达到相当高的水平。从15世纪到18世纪，由哥伦布、达·伽马等伟大航海家开始的环球航行，更是把航海技术推到了一个新的历史发展阶段。

二是陆上交通工具及交通发展。在几千年文明社会的发展过程中，陆上交通工具的发展较为缓慢。从文献记载和考古发现看，车的出现大约在4 600年前，用于车辆通行的道路随后出现。古代主要的陆上交通工具是马和马车，此外还有牛车、羊车、雪橇，牛、驴、骆驼、牦牛和大象，等等。主要的陆上交通设施有驿道（大车道）、驿站，栈道，各种桥梁（木质、石质、藤质）。

公元前2 600年左右，传说黄帝"见飞蓬（一种菊科植物）转而知车"，开始有了简单的轮车，并且"命竖亥通道路"①。按此说法，轮车的出现应在约4 500年前，最早的车和车道也应出现在这个时期（有考古发现佐证的时间约在3 550年前）。最早的行车隧道"石门"（陕西省褒斜道）在公元63年开始修建，公元66年建成。最早的道路里程标志大约出现在公元105年，距今有1 900多年的历史。城乡道路体系的建立，大约在西周时期。桥梁的出现，年代难考。古代一些重要桥梁的修建，在春秋战国时期广泛出现②。

马的使役究竟在什么年代，已无据可考。车、马使用的年代，在国外也大抵在3 000年前。大英博物馆有国王骑马猎狮雕塑，该雕塑约成形于公元前7世纪（载于《世界博物馆馆藏珍品》一书）；希腊底比斯考古博物馆有驾驭着两只羊拉的战车（两轮）的青年像，该出土陶器成形于公元

---

① 中国公路交通史编审委员会. 中国公路史（第一册）[M]. 北京：人民交通出版社，1990：3-4.

② 中国公路交通史编审委员会. 中国公路史（第一册）[M]. 北京：人民交通出版社，1990：5，22，23，83-85.

前 4 世纪末到公元前 3 世纪初，发现于希腊底比斯的东南墓地。北欧瑞典南部的岩画中，有四轮马车，岩画雕刻年代距今约 2 000 年。

陆上交通设施建设，主要体现在道路、桥梁和驿站的建设方面。秦始皇统一中国后，加强了陆上交通设施建设，以咸阳为中心，陆续修了三条驰道：一条往东通到现在的河北、山东的海边；一条往南，通到现在的湖北、湖南、江苏等地；一条往北通到内蒙古一带。与此同时，秦始皇统一了全国车轨轨距。汉、隋、唐各代，陆上交通得到完善，到唐代全国共有干线道路约 40 000 千米，设驿站 1 639 个。在汉代，最著名也是最成功的陆上交通发展就是开通了丝绸之路。从物质基础和人文精神角度讲，古代交通文化获得了令人赞叹的伟大成就。

（2）关于古代交通运输管理研究。古代交通运输管理，限于陆上道路交通和水上交通两个方面。从管理内容看，古代交通运输管理又可以分两大方面：一方面属于运政管理；另一方面属于技术标准管理。

我国的交通运输管理早在夏代就开始进入国家宏观管理的范畴。据《尚书·皋陶谟》，大禹和舜帝对话时说，"我决通九州的河流，使水流入四海……又让民众互通有无，调剂余缺"（原文的译文）。这里"互通有无，调剂余缺"显然涉及水陆交通运输管理。《尚书·禹贡》也多次谈到了内河沿海运输，特别是向朝廷进贡物品的运输。"岛夷皮服，夹右碣石入于河"，翻译成现代文就是东方沿海地区的人进贡皮服时，可以先接近右边的碣石山，再从那里进入黄河。整个禹贡篇，一半是讲各地贡品的运输，这是当时最为重要的运输管理。西周时期，正式设立司空一职主管居住与交通。西周时代开始有了比较完善的道路体系。在井田制下，道路被划分为城市和乡村两个体系：城市道路以"国中九经九纬"为主体，并附以环道绕城；乡村道路划分为五个等级，即径、畛、涂、道、路。其中，"路"是能容纳三辆车并行行驶的道路，为最高等级。从西周开始，设"司空"掌管土地、居住交通，包括道路工程在内的土木建筑，"司关"专门负责边界关口的出入与查禁，还设专人守护道路。路政管理制度初步建立起来。

秦统一中国后，加强了对政治、经济和文化方面的统治，在交通方面大修"驰道","车同轨"加强了交通基础设施建设和交通运输管理，基本形成了全国交通网络和用于交通服务管理的驿站系统。秦以后，汉朝及以后各朝，在交通管理方面基本上沿袭了秦的做法，逐步形成和完善了以中央集权为特征的交通运输管理体制。从管理内容看，主要侧重于以下方面的工作：第一，设置官员负责水、陆交通管理；第二，设置水、陆驿站服务交通运输兼管理道路、港口码头；第三，规定道路修筑标准和使用规格，如"御道"的修建和使用；第四，制定道路技术标准、标识道路里程（里程标志）和位置（标有道路的地图）；第五，设立关卡，管制交通；第六，对交通基础设施建设进行规划（唐代）。

（3）关于古代交通文化发展的中国文化特征研究。这是一个全新的研究领域，以儒家文化为主体的中国文化对交通发展的浸润与交通发展对中国文化的彰显，逐步形成了交通文化发展的中国交通文化特征。基于"天人感应""天人合一"理念的顺天、守常思想，在古代交通发展中留下深深的印记；以"大同"社会理想、"和为贵"理念指导内政外交，与世界各国互示友好、互通有无、和平相处的思想贯穿交通发展始终；重农抑商思想和国策，物质生活上清心寡欲、小富即安和崇尚田园生活、追求精神愉悦的价值观延缓了古代交通发展；交通发展体现和强化了封建等级观念；涉及交通的精神文化产品丰富多彩，主要表现在各类经典著作和诗词歌赋等文学作品、文体活动之中。

总之，我国古代交通文化发展已有一定的物质基础，处于当时世界先进水平，但是整体上发展水平十分有限，特别是陆上交通发展较为缓慢；交通精神文化方面有十分丰富的内容，但尚未进行归纳和概括；交通文化的制度建设方面有一定程度的发展，但缺乏系统性；没有形成交通文化概念，因此不可避免地存在诸多方面的不足。第一，人们不注意收集和保存古代交通工具和交通设施，对交通考古发现和交通设施遗迹的保存和保护也缺乏力度；第二，未能有组织地收集和保存交通文化的精神性产品，使交通文化观念在古代几乎是一片空白；第三，历史上很少有关于交通庆典活动、展示活动和评比活动的记载，交通文化活动发展处于一种自由放任的状态；第四，关于交通立法、交通标准、交通管理研究、交通教育等直接与交通文化发展相关的管理制度建设和交通文化建设缺乏连续性和系统性，在历史上很少得到重视；第五，对交通发展与经济社会文化发展之关系、交通发展的特点与规律等理论性较强的交通文化现象，也未能形成思想体系。

（二）近现代交通文化研究

近现代交通发展，是人类文明进步的历史长河中的一个十分显著的现象。近现代交通文化发展的情况极为复杂，形成了交通科学理论体系，形成了交通工业体系概念，形成了交通运输行业概念，形成了交通网络和综合运输（多模式运输或现代物流）概念，形成了交通教育体系，形成了强大的交通宣传网络及相关理念，形成了交通法律体系，形成了交通行业的各类标准，产生了丰富多彩、形式各样、数量巨大的交通文学艺术作品，出现了各式各样以交通为内容或与交通相关的文体活动、展示会、纪念活动，等等。

总的来说，交通精神文化在近现代已发展到了一个较高的水平。交通已成为人们日常生活的主体部分，人们对交通的依赖和憧憬，已成为近现代社会人文精神的主要内容之一。毫不夸张地说，没有交通文化的发展，就没有现代社会；没有交通精神文化，就没有现代人文精神。

近现代交通文化发展受到传统文化的巨大影响。第一，中国传统文化中，修路架桥是积德行善之举，受到社会高度赞誉，对交通基础设施建设和交通文化发展产生了积极影响；第二，接受八方朝拜的封建帝王思想对巩固国家的统一和民族团结发挥了积极作用；第三，儒家的民本意识，从民众意识层面强化了人民群众的利益是最高利益的思想，引导决策层比较多地从政治层面和社会和谐发展角度谋划交通发展问题；第四，善于学习、虚心学习的文化传统在清代末期发展为"师夷长技以制夷"的思想；第五，从国情出发，实事求是，因陋就简，多种交通方式并举的发展思想在交通方面表现得十分突出，也卓有成效；第六，大同社会理想和"天下为公"理念，对全国交通平衡发展和交通与国际接轨有非常积极的影响；第七，传统文化在广泛动员征发民众力量进行大规模交通基础设施建设和其他巨型工程建设方面发挥了极为重要的作用；第八，不畏艰险、吃苦耐劳的民风民气在交通工程建设中发扬光大，这是交通文化中值得世代讴歌的伟大精神。

中国传统文化对中国近代交通文化发展产生积极影响的同时，也产生了一些负面影响。第一，小富即安、不思进取的思想和与此相关的闭关锁国政策导致中国近代交通文化发展严重滞后；第二，重农抑商思想和自给自足思想严重抑制了工商业的发展，也严重影响了近代交通运输业的发展，导致交通文化发展停滞不前；第三，重诗词歌赋而轻技艺、轻科技的思想行为对近代交通文化发展产生了十分不利的影响；第四，从小国寡民的封建思想到泱泱大国闭门发展的封闭意识，对大规模国际合作产生不利影响。

（三）当代兴起的交通精神文化研究

当代国外兴起的交通精神文化主要集中在欧美国家及日本，主要包括：第一，理论活动，主要有交通理论研究和教育，各种各样的国际性交通科技论坛、交通文化宣传等，主要表现在交通工具研制、交通运输管理研究、与交通运输相关的高等教育发展和交通安全宣传教育等方面。第二，关注人与自然关系和重视人本主义的管理制度（法制）建设和技术标准。第三，纪念性、历史感很强的交通文化活动。第四，文体性、娱乐性很强的交通文化活动。第五，商业性很强的交通文化活动。尽管如此，也未能形成系统的交通文化理论体系，关于交通文化的研究还处于不自觉的状态。

在我国兴起的交通精神文化活动，分为政府主导的精神文化活动和民间兴起的精神文化活动两大部分。第一，政府主导的交通精神文化活动，主要有如下方面的项目：开展交通科技、交通运输管理、交通经济等方面的理论研究，制定交通政策和法律，制定交通技术标准和行业规范，建设交通行业精神文明，广泛开展交通教育和宣传，深入进行交通史研究和举办各种纪念活动，开展交通文体活动，保护交通文物，建设交通博物馆。第二，民间兴起的交通文化活动，主要有广泛开展交通与社会、交通科技、交通发展史、交通文化等方面的学术研究，举办各种各样的交通展览，制作各式各样的交通商业广告，举办各种与交通相关的文体活动，创作各类与交通相关的文学艺术作品，广泛开展交通企事业单位文化建设。

二、交通文化传播的研究建议

人类交通事业发展到今天，取得了巨大的进步，当代交通发展也遇到了新问题，同时也产生了新理念、新思路、新办法。例如，关于资源制约（石油、土地）问题，提出了可再生能源、节能型交通和合理规划交通的理念和办法；关于环境污染（汽车尾气、噪音）问题，提出了环保概念、清洁能源、环保型交通等概念及解决办法；关于城市交通堵塞和公平享受交通成果问题，提出了公交优先的理念和无障碍交通理念及相应的解决办法；关于交通管理及运输效率问题，提出了交通发展标准化、交通管理法治化等理念，并加快了技术标准化建设和法治化建设；关于太空和南极竞争问题，除各国的实力较量之外，还从国际法角度提出了解决污染、资源利用等方面的问题。总之，这些问题已引起国际社会的广泛关注，部分发达国家已经或已初步解决，我国则正在经历这一历史发展进程。

当代交通展现出全新的格局，人性化、人本主义思想在交通发展中的影响越来越突出。如果能进一步加强交通文化建设，则有可能少走弯路，使交通发展更快适应经济社会发展需要。但交通文化在当代发展还存在很多缺陷，突出地表现在人们过多地从经济角度和技术角度去关注交通，相对忽视了交通发展的精神文化内容，即较少从文化角度去关注交通。目前还没有形成完整且权威的交通文化概念及其理论体系，没有系统的专业化的交通文化教育；缺少对交通发展的人文研究，极少有社会人文精神与交通文化发展交互影响方面的研究；缺少有关社会发展与交通发展交互影响，以及交通发展的一般规律性方面的权威研究；对交通发展的历史研究和历史责任还缺乏深度认识；对世界交通文化发展缺少比较研究等。

我国关于交通科技与交通发展的研究较多，如交通工具、交通工程、交通运输、交通管理、交通安全等，但是关于交通文化的研究偏少。在中国知网以"交通文化"为关键词进行检索，仅得到 193 条结果，其中学术期刊文献 144 篇，报纸文献 27 篇，其余为会议文献、学位论文①。

---

① 检索时间为 2024 年 2 月 26 日。

关于交通文化的初步研究使我们深深感受到，当代交通文化研究与交通事业的发展还不匹配、不相称。与当代国外交通文化活动一样，我国的交通文化活动也缺乏系统性，还没有从交通文化角度进行谋划，对交通高速发展带来的人文和社会关系的变化，以及由此而深刻影响人类自身发展等后果还未进行认真审视，同时面临着一些亟待解决的问题，如交通可持续发展问题、交通安全问题、综合运输和交通政策协调问题、交通发展的人本主义精神和环保问题、交通的本质及其发展规律性的问题等。

　　中国是一个拥有 14 亿多人口的大国，在交通不断发展的过程中也会遇到各种问题，这就要求我们必须深入研究交通文化层面的问题。我们要以习近平新时代中国特色社会主义思想和当代交通科学理论、人文精神为指导，从交通文化建设和交通强国建设视角审视交通政策、规划、法规和相关技术标准，协调中央和地方交通主管部门开展交通文化研究，广泛开展交通纪念活动、交通文体活动，营造良好的交通文化氛围，保护重点交通文物，为一些重点交通工程建立纪念碑、纪念亭等，传承并弘扬交通精神，培育新时代交通文化，让交通发展留下它应该留下的印迹，为交通与经济社会发展注入新的精神动力。

第四章　交通文化传播的基础理论

交通文化传播是文化传播的分支，也是传播的特殊范畴之一。交通文化传播从传播的视野研究交通文化，洞察人类的交通行为，其理论来源很多，如人类学、文化学、社会学、传播学等。文化传播的基本原理皆适用于交通文化传播。

第一节　交通文化传播的理论渊源

交通文化的理论渊源是文化人类学，但是，交通文化传播所直接借鉴、运用的理论和方法则是文化传播学。文化传播是文化学与传播学的交叉学科。文化学研究的是人类的文化内容，它从文化人类学发展演化而来。从严格意义上看，文化人类学是现代美国学界对文化学这一学科的习惯称谓。在文化人类学领域，文化传播经历了从进化论到传播论的演变，曾在欧美学界产生过很大影响①。同时，文化历史学派也对文化传播进行了研究，并且坚持用实证主义和经验主义来研究文化系统的动态变化。

一、进化论学派

进化论学派形成于 19 世纪下半叶的英国，并很快扩展到欧洲大陆与北美，具有很大的影响力，一度在学术界居于主导地位。人类学的进化论包

---

① 庄晓东. 文化传播：历史、理论与现实 [M]. 北京：人民出版社，2003：8-9.

括人类生物进化论和人类文化进化论，前者以查尔斯·达尔文（Charles Darwin）、阿尔多斯·赫胥黎（Aldous Huxley）等为代表，其主要贡献是指出了人类与自然界的关系；后者以斯宾塞（Herbert Spencer）、泰勒（Edward Teller）和摩尔根（Lewis Henry Morgan）等为代表，并直接影响人类学后来发展的一些理论。

1859 年，达尔文的《物种起源》出版，书中提出的进化论思想引发了巨大轰动，不仅在生物学领域引发了理论革命，也对当时的文化人类学研究产生了深远影响。在摩尔根、泰勒等学者的大力推动下，社会进化思想形成了一股强大的理论潮流。

进化论学派以人类在心理精神方面的类同性为前提，认为人类文化是按照从低级到高级（蒙昧→野蛮→文明）的逻辑顺序演化进步的历史，后一阶段较之前一阶段更具复杂性和合理性。同时，因为人类具有相似的心理发展模式，所以虽然各地区各民族的社会和文化都是由低到高、独立平行地发展而来的，但不同的人群会按同一顺序去重复相同的行为和习惯，进而经历同样的发展阶段。这就导致学者们在解释世界范围内的文化相似性时，不可避免地将其归结为独立发明的产物。进化论忽视了各民族文化发展的多样性，以及文化要素的传播和功用，这种简单的单线进化的观点，在后来受到了传播学派的猛烈抨击。

二、传播学派

19 世纪末 20 世纪初，传播论兴起了反进化论的思潮。传播学派的研究者认为，人类的创造力是有限的，不同的民族有那么多相同的发明是难以想象的，因此文化间的相似性应该是物质、思想和行为模式从其起源地区向外传播扩散的结果。传播学派一般分为德奥传播学派和英国传播学派。德奥传播学派以弗里德里希·拉策尔（Friedrich Ratzel）、弗罗贝纽斯（Leo Frobenius）、格雷布内尔（Robert FritzGraebner）和施密特（W. Schmidt）为代表，主要贡献是文化圈层理论的提出。英国传播学派以威廉·里弗斯（William Rivers）、埃里奥特·史密斯（Elliot Smith）和威廉·詹姆斯·佩里（William James Perry）为代表，他们是极端传播论的倡导者。

（一）德奥传播学派

德国人文地理学家弗里德里希·拉策尔强调地理环境对人类文化的决定作用。他将文化要素的分布绘制在地图上，再分析这些文化要素的具体分布范围。拉策尔认为，文化要素是伴随民族迁徙而传播出去的，如果在相隔遥远的两个区域内存在某些相同或相似的文化要素，那么这两地的文化一定在历史上具有同源关系或者发生过某种联系。他十分重视物质文化现象的地理分布研究，因为物质文化更能揭示各民族之间的历史联系。物质文化本身是不会流动的，只有"通过人，同人一道，随着人，在人身上，特别是在人之中，即在人的心上，作为一种模式的思想芽，才能传播"。

拉策尔的学生弗罗贝纽斯发展了他的思想。根据对非洲的考察，弗罗贝纽斯对非洲各地区文化的成分和起源做了研究，发现文化上的关联不只是表现在每个文化要素上，而是涉及整个文化。因此，他提出了文化圈的概念，认为每一个文化圈都具有一系列的物质文化特征。例如，他将刚果河流域、几内亚湾沿岸的地区划为"西非文化圈"，其特征包括两面坡顶的直角房屋、用植物做成弦的弓、编织成的盾和假面具等。他认为，每一种文化都是活生生的有机体，经历着诞生、童年、成年、老年等时期，最后走向死亡。文化是从自然条件中诞生的，因此文化与人无关，是自身发展出来的。与其说人是文化的创造者，不如说人是文化的产物或客体，是文化的体现者。文化本身无法移动，因为文化没有脚，要靠人来搬运，所以人是文化的搬运工。他还认为，文化作为一个有机体，也会有不同的"性别"。

德国学者格雷布内尔在弗罗贝纽斯的基础上对文化圈理论进行了深入、系统的研究，并在此基础上提出了"文化层"的概念。他提出，澳大利亚和大洋洲地区有六到八个独立的文化圈，其中每一个文化圈内都有一定数量的文化特质。格雷布内尔试图在地图上标出文化圈之内每一种文化要素的分布，结果发现文化圈一部分似乎相互重叠，形成文化层。文化向四周分布、扩散，并且新的文化同样在分布、扩散、重叠。这样，文化圈便可累积多层。在他看来，世界文化的历史，就是若干文化圈及其组合在世界范围内迁徙的历史。为了判断不同民族和区域的文化要素之间是否存在同源关系，格雷布内尔提出了鉴别文化亲缘关系的两个标准。一是形的标准，即文化现象的形式相同；二是量的标准，即相似事物的量的增加。他认为，世界上凡是相同的文化现象，不论在什么地方出现，都必定属于某一个文化圈；任何文化现象，都只能出现一次。他断言，人的发明创造能力是有限的，两次独立地创造同样的事物是不可能的。因此，凡是不同地域出现的相似事物都是传播造成的。

施密特继承了格雷布内尔的文化圈理论，在其形的标准和量的标准基础上又提出了性质标准、连续标准和亲缘关系程度标准作为补充。性质标准是形的标准的补充，指的是质的方面的相似性；连续标准就是指在两个相距较远或不接壤的两地，如果在中间地区能找到具有相似文化要素的民族，那么这两地从前极有可能有相互传播关系，中间地区的民族是这两地从前在空间上相连的残存物或痕迹；亲缘关系程度标准是指如果越是接近那两个相互隔绝的主要区域，文化元素在质与量两方面的相似点越多，那么便说明这些相似点并不是独立出现的，而是由于这两地曾经有过传播联系。因此，施密特提出了人类社会发展的四个阶段理论，即原始阶段、初级阶段、第二级阶段和第三级阶段，每一阶段中又包括几个文化圈。

（二）英国传播学派

英国传播学派是传播学派的一个派别，代表人物有威廉·里弗斯、埃里奥特·史密斯和威廉·詹姆斯·佩里。

里弗斯早期是一个进化论者，后来他发现仅仅依靠进化论无法解释不同文化的相似性，于是转向对文化传播现象的研究。他认为，民族与民族之间的联系，以及文化的传播与融合，是促进人类进步的主要动力。他认为，格雷布内尔对文化传播的理解是简单和机械的，因为格雷布内尔认为文化传播区域内相同的文化元素都源于同一个起源中心。里弗斯则认为，有些文化内容的产生源于独特的原因，而并非传播的结果。例如，秘密结社之所以在美拉尼西亚产生，是因为外来者更少，不得不瞒着当地人秘密履行自己的宗教仪式。因此，在极端传播主义和进化论之间，里弗斯有一种折中的倾向。

史密斯与其弟子佩里是英国传播学派中"泛埃及学派"的代表。史密斯认为，文明的起源是一致的，一经创造就只有继续传播而不能再有同样的创造；世界上只有一个将文化传播给世界的中心，那就是埃及。在他看来，世界上所有文化都源于埃及，在世界其他地方发现的高级文化现象都是由古埃及传播过去的，尼罗河是全世界文明的发明中心。诸如农业灌溉、太阳神崇拜、航海造船和木乃伊制作等文化元素，都是在埃及发明并通过船舶传向世界各地的。在埃及人创造文明以前，世界上几乎完全没有可以称为文化的事物存在。

史密斯的弟子佩里进一步继承并发扬了史密斯的泛埃及说。他认为，古埃及人是航海民族，是"太阳之子"，是世界文明的发源地。他们为了寻找贵金属和其他珍宝而四处航行，从而把古埃及的艺术、技术、宗教、科学、政治制度等传播到了世界各地。他们找到了宝物后，就在当地停留或定居下来。古埃及文化与所到之地的土著文化相融合，便产生了各种新的文化。在埃及文化尚未发明和传播以前，全世界各地的人都可能像澳大利亚土著一样。埃及文化是世界上最高级的文化，其他各个民族都不可能依靠自身的独立发展而实现文化的进步，只有吸收了埃及文化的某些元素方能达成。

显然，史密斯与佩里的理论过于武断。他们将人类文化的起源完全归于埃及，认为所有的文化只能产生或发明一次，世界各地的文化都是由古埃及传播而来的，只要是不含埃及文明元素的文化就是退化的文化。这一理论遭到了来自其他学派的严厉批判。20 世纪 30 年代以后，英国极端传播学派趋于衰落。

传播论是作为进化论的对立物而产生的，曾在欧美学界产生过很大影响，甚至一度取代进化论而处于主导地位。但传播学派过分夸大了文化发展外在契机的各民族间文化要素的传播，否认相同的发明可以独立地发生于世界不同地方的可能性，其理论也是存在缺陷的。

（三）文化历史学派

文化历史学派也被称为"博厄斯学派""历史学派""历史特殊论学派"或"美国历史学派"。它形成于 19 世纪末 20 世纪初的美国，盛行于 20 世纪初至 20 世纪 30 年代之间。该学派的创始人和代表人物是美国学者弗朗兹·博厄斯（Franz Boas）。文化历史学派的哲学思想基础是实证主义和经验主义，它注重研究特定民族的文化历史、事件、特点和规律，强调对具体事实的描述与记录，注重实证与归纳，反对以理论代替事实，以一般代替特殊。

博厄斯既批判以摩尔根为代表的古典进化论，也反对英国的极端传播论。他认为文化是自成一格的，每个文化系统都有自己独一无二的历史，既取决于社会集团特殊的内部发展，也取决于它所受到的外部环境影响。因此，研究各个社会时，必须研究其动态变化。外表上彼此相同的现象，可能有根本不同的来源和根本不同的作用。在对人们的生活方式得出任何结论之前，都必须调查、搜集第一手的、详细的历史资料。他批评进化论学派是将西欧的思想原则强加在其他民族之上，并提出了文化相对主义的方法论原则，指出人们不应该以自身的参照标准去衡量其他民族的文化。

博厄斯的学生进一步阐明了他的思想。例如，罗维（Robert H. Lowie）就十分重视传播的作用。他认为，1876 年就灭绝的塔斯马尼亚人的文化是最低的，因为他们与外界没有联系，与邻近的民族和文化缺少接触与交流，导致自身文化停滞，失去了活力。威斯勒（Clark Wissler）则提出了文化区、文化丛等概念。他认为可以将文化分解到最小单位，即文化特质。这是一种文化区别于其他文化的最小文化单位，既包括物质产品，也包括非物质产品，筷子、作揖等都是文化特质。而功能上相互整合的文化特质群是文化丛，如茶文化丛。具有相似文化特质的地理区域是文化区。他认为，文化区有中心与边缘之分，文化中心是文化区所共有的文化特质表现最为集中的地方。

文化历史学派的特点是：实证主义是其方法论的哲学基础，擅长批评是其风格，不做原则性的理论概括而局限于小范围的具体现象的研究工作是其共同奉守的信条，文化的性质和它与个人之间的相互作用和影响是其研究重心。

三、文化传播研究视野转换

20 世纪 40 年代以后，文化传播研究的视角发生了重大变化。当时的文化传播学家和社会学家开始关心文化对社会影响的过程、机制、效果，以及传播对文化发展的作用。其代表人物有：美国的政治学家哈罗德·拉斯韦尔、社会学家保罗·拉扎斯菲尔德、社会心理学家库尔特·勒温和卡尔·霍夫兰。20 世纪 50 年代，美国著名传播学大师威尔伯·施拉姆创建了伊利诺伊大学传播研究所，标志着传播学作为一门学科正式出现。他们在文化传播领域反对从观念到观念地对社会文化现象做纯主观抽象的说明，强调切实可靠的经验材料或客观数据的重要性，主张从外部环境或外部条件的变量出发来揭示社会文化现象的原因和客观规律。由于注重实证研究和实践效果，因此他们在历史上被称为经验学派。

20 世纪 60—70 年代，文化传播研究视野发生了根本转变。在欧洲开始出现以社会文化的批判性为特征而备受人们关注的批判学派。批判学派的理论渊源有两个：一是法兰克福学派。这个学派是指以德国法兰克福大学社会科学研究所为主的一个学术派别。该所成立于 1923 年。这一学派从马克思主义理论出发，从哲学和社会学的角度研究和批判现代资本主义社会中的文化危机和现代西方文明。其主要代表人物有 M. 霍克海默、H. 马尔库塞、T. W. 阿多诺等人。在德国法西斯势力上台后，法兰克福大学社会科学研究所于 1933 年迁到日内瓦，第二年又迁到美国，于 1949 年重新迁回法兰克福。二是西方马克思主义学派。该派学者主张用马克思主义的观点对资本主义的社会结构、文化意识形态等领域进行分析和批判，并于 20 世纪 60 年代在欧洲流行开来，英国的传播学者进行的文化研究就是这一思潮在传播学中的体现。批判学派的主要流派有：①政治经济学派。其代表人物是英国累斯特大众传播研究中心的 G. 默多克和 P. 格尔丁等。该学派关心的焦点问题是现代媒介高度集中和垄断的趋势及其带来的社会后果。②伯明翰学派，亦称文化研究学派。该学派因英国伯明翰大学现代文化研究中心而得名，主要代表人物有 R. 威廉斯和 S. 霍尔。该学派反对简单的经济基础还原论，主张从上层建筑和意识形态的相对独立性出发来研究资本主义社会的大众文化传播。③意识形态"霸权理论"。该学派认为，在资本主义社会，统治阶级不再主要依靠国家、军队、法院等"强制装置"，而主要通过意识形态"霸权装置"来维护自身的利益。该学派对此现象予以揭露，并唤起民众觉醒，推动了社会变革。④哈贝马斯的批判理论。J. 哈贝马斯是德国著名哲学家和社会学家，法兰克福学派的第二代旗手。其代表作是《公共领域的结构转型》（1962 年）和《交往行动理论》（1968 年）。在这两部著作中，哈贝马斯提出通过改善"交往的合理性"来实现社会变革的观点。哈贝马斯反对导致人的异化的片面追求"工具合理性"的立场，提倡"综合的合理性"，即主张通过扩展"没有支配和强制的交往关系"来改革社会，建立基于"理性合理"的新型社会关系。

经过二三十年的发展，批判学派在 20 世纪 80 年代逐渐成熟起来，成为备受人们青睐、理论内涵丰富的社会学派。近年来，其中的文化研究在历史、文化、政治和媒介等不同层次与当下炙手可热的后现代主义的争辩，不仅紧扣社会现实的脉动，而且介入社会的变动之中，因而其影响已经涉及许多领域，其学术地位和实践价值日渐提高。

进入 21 世纪，文化传播研究又面临新的机遇和挑战。当今世界正朝着全球化、信息化和生态化的方向发展。当代文化传播的媒介化趋势日益凸显出来，网络传播已成为文化传播在当今的主要形态，各种各样的文化冲突奔涌而来，引起了人们的关注。如何适应当代社会和现代传媒的巨大转变，调整自己以应对挑战并谋求进一步的发展，已成为全球文化传播学者共同关心的话题。

第二节　交通文化传播的基因和代码

交通文化传播是一种主体与主体之间交流和交换信息的精神交往行为，是一种符号化和意义化的过程。符号（symbol）是交通文化传播的基因和代码，是交通文化传播的媒介和载体，是交通文化传播的基础。

一、符号与文化创造

我们生活在一个符号化的世界里，人类社会是一个充满着各种符号的社会。在文明演进过程中，人类一直在创造、储存和使用着各式各样的符号。在文化传播领域，符号被看作信息的外在形式和物质载体，是信息传递和文化传播中的一种重要元素。人们不仅通过符号的建构来形成理论，反映意义，而且通过符号来指称事物，表达观念和情感。符号的选择、运用和创造在人的认知过程中发挥了重要作用。在卡西尔看来，"人的突出特征，人与众不同的标志，既不是他的形而上学本性，也不是他的物理本性，而是人的劳作（work）。正是这种劳作，正是这种人类活动的体系，规定和划定了'人性'的圆周"①。人的劳作怎样，人的本质也就怎样；人的创造性活动如何，人性的面貌也就如何。但是，人的创造性的劳作必须凭借符号，离开符号将一事无成。因此，人是符号的动物，即能利用符号去创造文化的动物②。

文化的创造从某种程度上说，就是符号的创造和运用符号进行的创造。符号形成了文化传播的文本、信息和话语。英国哲学家洛克把符号看作"达到和传递知识的途径"。他说："我们如果想相互传达思想，并且把它们记载下来为自己利用，则必须为观念造一些符号。""因为人心所考察的各种事物既然都不在理解中（除了它自己），因此它必须有别的一些东西，来作为它考察的那些事物的符号和表象才行。"符号学的任务就是"考察人心为了理解事物、传达知识于他人时所用的符号的本性"③。美国社会学家伦德贝格认为，"传播可以定义为通过符号的中介而传达意义"。波兰哲学家 A. 沙夫认为："人类传播过程，虽然在它的进程和作用方面是复杂的，却是一个显而易见的事实。人们是在行动中，即在合作中（因为所有的行动都是社会的行动），经过符号的中介传播明确的意义而进行传播的。"

在美国哲学家莫里斯看来，"人是突出的应用符号的动物。人以外的动物诚然能对作为别的事物的符号的某些事物做出反应，但是，这样的符号却并没有达到人类的言语、写作、艺术、检验方法、医学诊断和信号工具所具有的那种复杂性与精致性……人类文明是依赖于符号和符号系统的，并且人类的心灵是和符号的作用不能分离的——即使我们不可以把心

---

① 卡西尔. 人论 [M]. 甘阳，译. 上海：上海译文出版社，2004：95-96.
② 卡西尔. 人论 [M]. 甘阳，译. 上海：上海译文出版社，2004：37.
③ 洛克. 人类理解论 [M]. 关文运，译. 北京：商务印书馆，1959：721.

灵和这样的作用等同起来"。这些论述毫无疑问地说明了符号的基本特征，即它的指代性。符号总是代表某一事物，它承载着一定的意义和内容。符号就是用来指称或代表其他事物的象征物。

符号为人类所独创和独有。人只能通过自己创造的符号世界来认识自己。动物既不可能创造符号，也不可能认识符号；人既可以将自己的思想和观念转化为符号，又可以通过对符号的解读将其还原为思想和观念，而动物却无法做到。人可以通过符号将信息、价值、观念和思想传之千年、播之万里，跨时空、越种族，谈古论今，绵延不绝。由于人创造了符号，因而符号也就成为人区别于动物的特征。

人类创造的符号具有任意性、约定性、组合性和传授性等特征。符号是用来代表事物的，每个符号都有用什么来代表和代表的是什么两个方面，即符号的形式和内容，它们在符号学中被称为"能指"和"所指"。能指和所指之间的关系是任意的，它们的联系和结合并非因为存在什么必然的关系，而完全是出于符号创造者的主观规定和社会成员的共同约定。因此，同样的事物可以用不同的符号来表达，而同样的符号亦可以表达不同事物，这就是符号的任意性。符号一旦创造出来，一经置于社会领域，得到社会成员的认可，就成为社会约定俗成的表示意义的标记和一种社会习惯，任何人都必须遵守，不得随意改变。不仅创造者自己难以改变它，就是社会大众或政治集团也很难改变现存的符号。我们看到，符号系统是一个灵活的开放系统，而不是静止和孤立的。就语言符号来说，虽然字或字母的数量是有限的，但只要传播者掌握了一定数量的字和句型，就可以按一定的规则组合成无限量的具体词语和句子。符号的组合既依赖于逻辑规律和语法规则，也依赖于符号本身的开放性、灵活性和适应性。人类识别符号、理解符号和运用符号表达意义的本领并非天生的，而是后天习得的。符号的传授性的特点让使用者既掌握某些符号系统的组合规则，又掌握该类符号系统的文化密码。同时，它又可以让使用者由一个符号系统转入另一个或几个符号系统，从而实现不同符号之间的交流与沟通。

二、符号与文化传播

符号是文化传播的介质。文化符号的魅力就在于它能够表达意义，是人类对象化的意义载体。人类只有通过符号才能实现信息观念、意义和价值的交流与沟通。概括起来，符号具有如下四种功能：

一是符号的指代和表义功能。指代功能是一切传播的基础，这种功能能够确立信息和它所指对象的各种关系，其根本问题在于为指代对象建立真实的信息，即客观的、可观察到的和可验证的信息。符号学认为，事物的表现形态一般来说都是某种符号，人的认识活动就是认识各种符号所表示的意义，而符号的一项重要功能就是表义。也就是说，符号可以表示和传达传播者的情绪、感受、见解，以及对客观事物的认知等主观信息。所以扬雄说："言，心声也，书，心画也。"洛克认为，字是"心中观念"的记号，而心象又是用字来"意指"心外世界中的客体的记号。事实上，人与人之间交往和传播是为了交流意义，表现为符号化和符号解读的过程。符号化，是指传播者将自己要传递的信息或意义转换为语言、声音、文字或其他符号的活动；符号解读则是受传者对接收到的符号加以阐释和理解，读取其意义的过程。

二是符号的传达和交流功能。就是说，作为精神内容的意义，如果不转换为具有一定物质形式的符号，是不可能在时间和空间中得到保存和传播的。人类通过符号的使用来确立、维持和中断传播。人们要认识事物的意义，必须经过符号这个中介才能达成。

三是符号的自律和显示功能。人类在运用符号指代事物、表达意义、传播信息的同时，符号对人亦有规范、控制和约束作用，这就是符号的自律功能。如中国古代所说的"言必信，行必果"和"一言既出，驷马难追"等就是这个意思。此外，符号的使用和传播，还能显示个人地位的高低、经济条件的好坏、工作的主从关系和受教育的程度等。

四是符号的思考和认识功能。思考是人脑与外部世界相联系的内在意识活动，是一种内在的信息处理过程。思考本身是一个操作符号、在各种符号之间建立联系的过程。符号的认识功能就在于，依靠符号来解读对客观世界的认识，拓展人们对对象世界的认知空间，巩固和存贮人类的知识，并使之代代相传和不断丰富。

符号是不断发展变化的。符号随着社会的变化而变化，随着实践的发展而发展。因为符号所承载的意义不是不变的，它是活生生的、能够满足人类需要的精神媒介和思想程序。它体现了人与自然、人与社会、人与人、人与自我的种种复杂交错的文化关系、历史关系、心理关系和实践关系。人的需要是推动符号创新的根本动力，符号的创新又激发着、调整着需要的内容。所以，人类在认识世界和改造世界的实践中每天都在创造新的符号，淘汰或改变旧的、过时的符号，从而适应人类社会发展和文化传播的需要。因此，符号的演变规律是社会发展中客观的、普遍的规律。

总之，符号是文化传播不可或缺的基本要素，是文化传播的基因，是文化传播的主要载体和工具。从这个意义上我们可以说，所谓文化，究其本质乃是借助符号来传达意义的人类行为。从本质上讲，人的世界就是一个意义的世界。一个没有意义的世界，绝不会被称为是"人"的世界。符号的意义可以分为三个层次：表面意义、深层意义、潜在意义。其来源是符号所处的社会环境或文化背景，即社会的文化观念、心理结构和意识形态等方面。借助符号，人们可以表达自己、阐释世界、进行文化交流与传播。可以说，符号就是文化，符号就是传播。符号化的过程，也就是人们就如何理解世界而达成共识的过程。换言之，文化是人的"生存式样系统"，这个系统由不断传播着的各种符号所组成，其中主要是语言符号。文化的符号系统就其向外传播的"扩张"而论，指的就是由历史衍生出来的、人们选择而成的关于意义、观念和一系列社会规制的共同约定。这些观念和社会规制影响着人们对于人类社会的认知、阐释及其行为。其中主要是人们的价值观念、审美情趣、思维方式等主体因素的有机构成，以及相应的礼俗、制度、法律、民俗、风俗等规范。前者构成人们的心态文化层面，后者构成人们的制度文化层面。而我们所说的民族精神，便是一个民族深藏于共同文化中的共同的心理素质。它是一个民族最根本的传统，是该民族自古以来代代相传的独特的信息载体，它的高度稳定性使之成为人们思想行为范式的重要影响因素。正如卢梭所说："它既不铭刻在大理石上，也不铭刻在铜表上，而铭刻在公民的内心；它形成了国家的真正宪法；它每天都在获得新的力量；当其他的法律衰老或消亡的时候，它可以复活那些法律或代替那些法律。它可以保持一个民族的创制精神，而且可以不知不觉地以习惯的力量取代权威的力量。"①

第三节　交通文化传播的基本原理

文化传播有自己的原理、规律和机制，如文化维模原理、文化适应原理、文化圈层原理、文化融合原理、文化增殖原理、文化积淀原理、文化变迁原理。交通文化传播从属于文化传播的范畴，也遵循这些基本的文化传播原理。

一、文化维模原理

在文化的发展进程中，需要形成一个相对稳定的结构模式，以保证文化在发展变迁及面对外来文化冲击的过程中，不至于造成自身民族文化传统的毁灭与断裂。这就需要文化的维模功能，也就是文化的选择与自我保护功能。

在文化传播中，"维模"使本土文化对外来文化的传入起到选择与自我保护的作用。如果外来文化有利于本土文化的发展，则比较容易被作为新的文化营养为本土文化所吸收；如果外来文化对本土文化具有破坏性，"维模"就会拒斥外来文化的侵入。例如，古代日本接受了许多中国文化的特质，但也并不是毫无选择，它拒斥了不少与其文化特性不符的文化要素。美国文化人类学家鲁思·本尼迪克特提到，7世纪以来，日本一再从中国引进伦理体系，比如"忠""孝"等观念，然而，对中国人极为看重的"仁"却很不以为意。中国人要求父母对待子女、统治者对待臣民，都应该以"仁"为本，才可能得到子女和臣民的爱戴。天子之所以能享有帝

---

① 卢梭. 社会契约论［M］. 何兆武，译. 北京：商务印书馆，2003：70.

位，是因为他在施仁政。如果不"仁"，人民甚至可以反对他。中国的伦理学把"仁"作为检验一切人际关系的试金石。然而，日本人对此从未接受，因此"仁"被彻底排除在日本人伦理体系之外，地位十分低下，失去了在中国伦理体系中的崇高地位。因为在日本，这些观点显然与天皇制不相容，即使作为学术理论，也从未全盘被接受。

作为文化的自我保护机制，"维模"时刻在发挥着作用。其作用的大小与其所在社会内部的运行机制有关。一般情况下，当一个社会内部运行平稳时，它对自身的文化会比较自信，也乐于接纳外来文化，维模作用就会弱一些。比如我国盛唐时期，国泰民安，文化繁荣，政府对外来文化采取兼收并蓄的开明态度。都城长安（今西安）居住着来自欧、亚各地的侨民，成为古代的世界大都会，外来宗教也输入国内。通过对外来文化的吸收、筛选与加工，中国文化汲取了新的营养，促进了文化的发展和繁荣。

然而，当一个社会内部运行机制严重失调、危机四伏、文化势能由强转弱时，它对外来文化便充满戒心，维模作用比较强，导致文化的沟通与交流受阻。对外来文化的疏离甚至拒斥，会阻碍自身文化的发展与进步。久而久之，可使本土文化固步自封，缺乏活力。而对外来文化的长期拒斥，又会导致人们对自身文化缺乏清醒的认识、盲目自大，对外来文化便更加轻视，从而陷入恶性循环。

由此可见，维模对于文化的发展主要有两个方面的影响。一方面，它对自身文化有保护作用。对于外来文化的文化要素，它会根据自身的文化特性进行把关，以保证自身文化的稳定性。另一方面，当其作用过分强劲时，会阻碍文化的传播，使本土文化陷于封闭的状态，从而阻碍文化的发展。

二、文化适应原理

"橘生淮南则为橘，生于淮北则为枳。"一种植物要移植异地，必须要适应当地的水土，否则就可能存活不下去。同样，一种文化与另一种文化碰触时，必须要适应对方文化的特性与接受能力等，否则就会被对方文化所拒斥，造成传播活动的失败。

文化适应是十分重要的文化传播影响机制。外来文化若想顺利融入本土文化，就必须适应本土文化的文化特性与文化传统，否则会导致文化融入的不顺利。而在外来文化调整自己、适应本土文化的过程中，本土文化也在适应着外来文化。例如，佛教在中国的传播，是一个逐渐被人们所接受的过程，并与儒家思想、道家思想相结合，从而融入中华文化。在本土文化与外来文化的相互适应中，文化最终实现整合。

三、文化圈层原理

文化圈层是指同质文化的范围，即空间的延伸性。文化圈主要是一个关于文化空间的概念，是指具有一定数量的、具有相同文化元素的地域范围，如弗罗贝纽斯提到的"西非文化圈"。文化圈的概念源于 19 世纪末 20 世纪初的古典传播学派，但在今天已经不再局限于传播学派所探讨的内涵与外延。我们可以根据研究的实际情况界定文化圈的空间大小，可以小到村落和社区，也可以大到国家乃至全球。文化层则是一个文化史学的概念。文化层是文化元素在特定的空间进行历史累积的结果，展示的是相似的文化元素在不同的历史阶段进行层层累加的过程。考古工作者经常会在同一个地点的不同层面，发现不同历史阶段的文化遗存。比如，2006 年，在河南省焦作市的温县徐堡村，发掘出龙山文化时期到明清时期各个历史时期的城墙、墓葬等遗迹 200 多处。文化学者也经常在同一个地区发现各个时期文化共存的现象。实际上，文化层是现实的文化圈在历史上的积淀、凝结，文化圈则说明了文化层的秩序。文化本身具有的圈层性使得文化传播也具有了圈层性。

文化圈层性既表现在传播者中，也表现在受传者中，可以从不同角度进行划分。从文化性质进行划分，文化圈有政治文化圈、经济文化圈、教育文化圈、知识文化圈、宗教文化圈。从社会结构进行划分，有工人文化圈、农民文化圈、知识分子文化圈、城市文化圈、乡村文化圈、大众文化圈、精英文化圈。不同文化圈层的交流与沟通表现也有所不同，文明程度高的文化容易传播，但是落后文化的维模功能会阻止先进文化的传播。由于文化现象不同，同样先进的文化的沟通也不会顺利，会出现互损、互补、互动的文化同化现象。不同时代的人会有代沟，会产生文化差异，对文化也会有不同的选择和理解①。例如，城市文化圈由于发展较快，文明程度较高，比较容易向乡村文化圈传播。相比之下，乡村文化圈则比较难影响城市文化圈。但与此同时，乡村文化圈也有维模功能，可以在一定程度上抵御城市文化圈的影响。

四、文化融合原理

文化融合指两种或两种以上不同的文化经过接触交往后，彼此借鉴、吸收、交融而形成一种新文化的过程。文化传播会促进文化的融合。

当不同的民族杂居一处，通过日常生活的交往、商贸活动、通婚等形式，不断进行文化的沟通与交流，则很有可能导致其文化体系中原有的文化要素或者被保存下来，或者被抛弃，或者发生变化，从而形成不同于原来文化体系的新的文化体系。传播不仅是文化融合的前提，也是促进文化融合的重要机制。

一般而言，在文化融合的过程中，先进的、人数多的、本土的文化更具优势。例如，古代中国的游牧民族进入中原之后，大多融入中原文化之中。而中原文化也从游牧民族的文化中汲取了不少营养，丰富了自身的文化形态。文化融合的最终结果，并不是形成一种取代所有现存文化形态的全新文化形态，而是形成了一种可以包容原来若干文化形式的主要特征的文化。这种文化形态不可能完全取代原来的不同文化形态。恰恰相反，这种新的文化形态，使得文化的表现方式比以前更加丰富多样②。

当然，在实际的历史进程中，不同文化在融合的过程中，并不只是有温情脉脉、自然而然的历史场景，同时也存在着大量的矛盾、冲突，甚至杀戮，呈现出在相互冲突中实现相互融合的矛盾运动过程。

---

① 戴元光. 关于文化传播学的理论问题 [J]. 兰州大学学报（社会科学版），1995（4）：80-86.

② 李晓东. 全球化与文化整合 [M]. 长沙：湖南人民出版社，2003：62.

五、文化增殖原理

文化增殖是文化在质和量上的"膨胀"或放大，是文化的原有价值或意义在传播过程中生成新的价值和意义的现象，是文化的再生产与创新。

文化在传播的过程中，经过时间的打磨与空间的流转，逐渐滋生与繁衍出新的价值与意义。这一新意义，通过与原义一脉相传的继承创新，或与原义截然相反的破旧立新，提升其文化价值。例如，日语中的汉字，韩国国旗上的八卦图等，均表明中国文化在传播过程中增殖出了新的文化内涵。清末，一本在西方史学界地位不高的《泰西新史揽要》，成为该时期所有翻译西方史籍中销售量最多、影响最广泛的一部著作。这本书原名《十九世纪大事记》，讲述了 19 世纪西方基督教的文化史和欧美各国资本主义的发展史，内容相当丰富，但史学地位不高。然而它对变通观、进化论的宣扬，却引起了 19 世纪末穷则思变、救亡图存意识强烈的晚清社会的共鸣，得到广泛的传播与推崇。由于其内容对变通观和进化论的侧重，以及与西方先进的自然科学相结合的特点，这本在西方并不为人看重的历史作品得以在较广范围和较深层次冲击了当时社会的各个方面和各个阶层，特别是对维新派人士产生了不可低估的影响。这一文化传播中的"洛阳纸贵"和"郢书燕说"现象也揭示了文化增殖的本质①。

在现代社会，借助先进的现代传播媒介，文化可以在短时间内迅速传播开来，甚至跨越国界，传遍全球。传播时间迅速缩短，传播空间大为拓宽，使文化得以迅速增殖。

然而，文化传播只为文化增殖提供了条件和可能，并不是任何文化传播都必然导致文化的增殖。文化在传播中能否增殖，取决于传统文化本身的价值和影响程度。文化历史，取决于传播的方式、频次、途径、范围，取决于文化受体的承受力、宽容度、政治环境、文明程度、宗教信仰等状

---

① 张昭军，徐娟. 文化传播与文化增殖：以《泰西新史揽要》在晚清社会的传播为例 [J]. 东方论坛，2005（4）：71-76.

况①。如果一个社会的总体氛围比较宽松与开明，则有利于在原文化基础上发掘更多的价值与意义，实现文化的增殖。

一方面，文化增殖可以使文化得到更为广泛的传播，使文化的价值与意义得到更多的挖掘；另一方面，文化增殖会有虚假的现象，或是背离原文化的现象，甚至"闻一增以为十，见百益以为千"。大量的虚假文化的增殖是对原文化的破坏。因此，原文化基础上的文化增殖，是对原文化价值与意义的发展，对社会来说是积极的，有利于原文化的整合与重构；背离文化母体的文化增殖，则会加速社会的解体。

六、文化积淀原理

在文化传播过程中，旧的文化因素得以保存与传承，新的文化因素不断增加，使文化财富不断累积，推动着人类社会的发展。这就是文化积淀。

文化积淀呈现动态层累结构，即时间维度上的叠加形态。文化产生得越早，传播的时间越久，文化的积淀就越深厚。正如摩尔根所指出的，人类是通过经验知识的缓慢积累，才从蒙昧社会上升到文明社会的。文化积淀具有选择性保留机制。文化要素在传播中经历自然筛选，符合社会需求的元素被保留。文化积淀还具有符号化转换规律，即抽象价值观通过符号系统具象化。

在当今社会，先进的现代传播媒介使得文化知识与信息的传播、储存手段与累积方式日新月异，促成了众多文化圈的发展，这直接带来了两种现象。

一是数字时代的加速沉淀与快速遗忘。现代数字技术的可存储性、可检索性特征正在改变文化积淀的速度和方式。传统文化通过文字、图片、音频、视频等多模态符号系统展示出来，有利于维持文化的连续性，并增加文化积淀的速度。

---

① 戴元光. 关于文化传播学的理论问题 [J]. 兰州大学学报（社会科学版），1995（4）：80-86.

二是文化积淀在传播交流中的冲突与融合。由于认知范式和价值观的差异，加上历史记忆的负载，不同文化积淀在互动过程中不可避免会产生矛盾冲突，这个过程既可能推动文化创新，也可能导致文化断裂。在文化冲突中，也出现了文化融合，即文化的适应性调适。文化积淀的融合是不同文化动态博弈的妥协，是文化创新的一种表现形式。文化冲突与融合的实质是不同积淀体系争夺解释权的过程。

七、文化变迁原理

文化不是静态的、不变的。事实上，任何一种文化都处在动态的发展和变化之中，都不同程度地经历着产生、发展、衰退和再生的过程。在整个人类历史上，随着人们需求的变化，传统的行为和态度不断被取代或改变。正如没有哪个人永远不死一样，也没有哪种文化模式永远不变[①]。文化自身的运动，必然导致文化不断地变迁。这是社会发展所引起的一种内在的律动。

文化变迁是指文化在发展过程中，文化特质、文化因素的量的渐变，以及进而导致的文化结构、文化模式的质的变化[②]。它可能是渐变式地发生，需要很长时间才能做到；也可能耗时较短，发生突变。文化变迁的过程或途径主要有发现与发明、传播、文化丧失等。其中，文化传播是文化变迁的重要动力。例如，五四运动与新文化运动，是中国近代社会一次大规模的文化变迁。这得益于西方的民主与科学思想在中国的传播。而马克思主义在中国的广泛传播，则深刻影响了中国革命的走向，最终使中国社会文化实现了变迁。

文化变迁的一般过程与规律主要是从量变到质变、从自发到自觉、从物质层面到精神层面，是一个克服文化惰性的过程。第一，文化变迁要求在量与质上均发生重大变化。文化变迁首先要在量上发生变化，有了量的积累才可以产生质的转变。第二，一般而言，文化变迁首先发生在物质文

---

① 恩伯尔. 文化的变异：现代文化人类学通论 [M]. 杜杉杉，译. 沈阳：辽宁人民出版社，1988：531.

② 陈建宪. 文化学教程 [M]. 2版. 武汉：华中师范大学出版社，2011：178.

化层面，因为这个层面的要素变化得最快，也最容易为人所接受；其次发生在制度文化层面；最后发生在精神文化层面。第三，文化变迁要经历一个从自发到自觉的过程。对于新事物，人们首先有一个从陌生到熟悉、从隔阂到认可的过程，然后才进入主动改变的阶段。在以上三个过程中，文化传播都起着不可或缺的作用。

第五章　交通文化传播的基本要素、基本模式与基本规律

交通文化传播，是指一个群体的交通文化要素流向另一个群体，并融入后者自身文化的过程与结果。人类交通文化的丰富性，在很大程度上归功于文化传播。交通文化传播同时促进了交通文化的同一性与多元性，为交通文化向更高层次发展提供了必不可少的驱动力。

第一节　交通文化传播的基本要素

1948 年，美国学者哈罗德·拉斯韦尔（Harold Lasswell）在《传播在社会中的结构与功能》一书中提出了著名的"5W 模式"，首次将人类的传播活动解释为由传播者、传播内容、传播渠道、传播对象和传播效果五个环节和要素构成的过程，据此引申出"控制研究""内容分析""媒介研究""受众研究""效果分析"五个传播学的主要研究领域。根据拉斯韦尔的模式，交通文化传播要素主要包括交通文化传播者、交通文化传播内容、交通文化传播渠道、交通文化传播受众、交通文化传播效果五个方面。

一、交通文化传播者

在大众传播中，传播者指专业化的传播组织及其从业人员，如报社、

广播电台、电视台、出版社等媒介组织，以及编辑、记者、导演等职业传播者。交通文化传播者是交通文化传播活动的发起人与传播内容的发出者。交通文化传播者可能是具体的个人，如交通企业员工，也可能是群体或组织，如交通企事业单位；可能是普通的传播者，如交通工具爱好者，也可能是职业传播者，如编辑、记者、导演、演员、老师、作家、学者等。交通文化传播者通过自身的组织和参与，以一定的形式把交通文化传播给全社会。

2014 年 8 月，中国交通报社承办了首届丝绸之路国际卡车集结赛和丝绸之路经济带交通文化之旅活动，并组织"新丝路·大交通"主题采访，出版《丝路行》主题画册，拍摄专题片等。《人民日报》、新华社、中国国际广播电台等中央媒体记者组成的采访团，沿途探寻丝绸之路交通文化遗存，实地见证沿线公路、铁路、港口、民航、管道等综合交通运输建设发展成就。

2023 年 4 月 2 日至 3 日，全国首届交通运输行业文化年会在甘肃兰州举办。年会的舞台上，有历届优秀文化品牌的生动展演，有交通好故事的沉浸式表达，有文创产品的奇思妙想，有专家学者的现身说法，更有时代楷模、党的二十大代表、全国劳模其美多吉，党的二十大代表、全国劳模方秋子，党的二十大代表、全国劳模农凤娟，党的二十大代表、全国劳模常洪霞，与第十四届全国人大代表王争的精彩讲述。他们都是典型的交通文化传播者，也是交通人以实际行动贯彻落实党的二十大关于"繁荣发展文化事业和文化产业"的生动实践。

成功的交通文化传播者大多具有一系列的特质，有助于传播效果达到他所期望的程度。一般来讲，权威性、可信性、接近性、熟知性、悦目性等特质会对交通文化传播者的传播效果产生影响。

传播者的权威性对受众具有重要影响。一般而言，传播者的权威性越强，对受众的影响越大，受众越容易信服传播者所传播的内容。交通文化传播者的权威性首先表现在专业特长上，如果传播者是交通领域的专家，则更易令人信服。传播者的资历与威望对受众也有比较大的影响。人们倾向于认为，一个人在交通领域内工作的时间越长，资历越深，名望越高，他的经验与学识就越多。传播者的地位与声望也可以对受众产生影响，特别是其地位与声望是通过个人奋斗得来的交通文化传播者，更易为受众所信服。受众倾向于认为，地位与声望比较高的人拥有较强的能力与更专业的知识技能。

可信性是指传播者使受众信赖的特质。霍夫兰曾对信源（传播者）的可信性与说明效果的关系进行实证考察，并提出"可信性效果"的概念。他认为，信源的可信度越高，说服效果越好。传播者的权威性往往会使其传播的信息具有可信性。同时，传播者的信誉也十分重要。传播者实事求是的态度与客观真实的传播内容，能够增强传播者的可信性，得到受众的信任。日积月累，便能形成良好的信誉，达到理想的传播效果。

接近性是指传播者在地理上或心理上与受众接近的程度。传播者在距离、民族、籍贯、个性、信仰、兴趣爱好、文化背景、生活方式等方面与受众越接近、越相似，就越容易产生好的传播效果。

一般来说，人们对于陌生的人或事物会有很强的不确定感，会让人们本能地产生抵触感与警惕心理。随着接触的增多，人们的抵触感就会减弱。在交通文化传播活动中，适度提高传播者的曝光率，多与受众接触与互动，可以增加受众的好感，有助于达成良好的传播效果。

悦目性是指传播者的容貌、气质等外在形象会在一定程度上影响传播的效果。研究表明，人们会下意识地把一些好的品质（如聪明、善良等）加到外表漂亮的人身上。同时，在做出这种判断时，人们并未意识到外表在这个过程中所起的作用。悦目性并不仅指容貌好看，而且也强调一个人的气质与举止。为此，人们可以通过得体的服饰、发型与行为举止来提升外表的吸引力，赢得受众的喜爱。

二、交通文化传播内容

交通文化传播的内容与交通文化的内容是一致的，包括交通精神文化、交通制度文化和交通物质文化，涵盖了一切交通现象、交通活动、交通事业。广泛的宣传报道，可以使交通文化集中展示在行业内外公众面前，使本行业员工深刻领会、把握交通文化内涵，树立正确的交通行业价值观，同时使社会公众充分认可交通文化成果。

（一）加强交通精神文化的宣传提炼

交通精神文化是交通文化的重要内核，是针对交通文化积淀进行提升的结果。我国交通行业有着深厚的文化底蕴，在长期发展过程中，形成了许多独具交通特色的时代精神，如"两路"精神、"铺路石"精神、"小扁担"精神、"雷锋车"精神、"航标灯"精神、"振超"精神、"刚毅"精神等。这些精神是以爱国主义为核心的民族精神和以改革创新为核心的时代精神在交通行业的具体体现，是交通文化传播的核心。同时，还应从交通行业的特点出发，从当代交通人的优良品德、典型经验的总结中挖掘整合，吸收其丰富的营养和文化精髓，提炼出既体现交通特色，又符合时代特征的核心价值理念，通过全方位、多层次的宣传报道，让公众理解、认同交通精神，使交通精神深入人心，成为交通人团结奋斗、开拓创新的动力源泉，创造全社会认同支持交通事业的良好环境。

（二）加强交通制度文化的传播熏陶

西方学者打了一个比喻，制度管理就像一座漂浮在大海里的冰山，露出水面的部分占1/3，大体相当于规范、标准等有形管理；隐在水中的部分占2/3，大体相当于组织成员对制度的接受度、认同感、认知率等无形管理。这个比喻十分形象、深刻。制度是有形管理部分，制度文化是无形管理部分。制度管理体现了管理中的刚性原则，为保证各项工作措施的落实奠定了基础，是通向管理文化的桥梁。制度是载体，多强调理性，重视科学标准和规范的作用。制度文化强调非理性化，重视内在精神价值的开发、集体感受和各种非正式规则、群体氛围的作用。制度可以造就一个结构框架合理、运转程序规范、执行严格的标准化企业，而制度文化管理可以赋予这个企业以生命活力，明确发展方向，并创造经营个性和管理特色。制度，可以约束和命令员工每天干满 8 小时，但永远做不到让员工在 8 小时之内都尽心尽力、高效率为本企业工作，只有制度文化能做到这一点。因此，要加强制度文化的建设、传播和熏陶，把交通文化建设与制度创新相结合，把制度刚性化与管理人性化相结合，把交通文化的基本理念融入各项规章制度中，渗透到交通事业的各个环节，转化为交通员工工作的动力，提升交通管理的层次和品位。

（三）加强交通物质文化的成就展示

优质的桥梁、道路等交通建设工程是交通行业广大职工高超智慧和辛勤劳动的结晶，也是交通物质文化的代表性成就。要把优质交通工程视为交通文化传播的重要内容，特别是把文化内涵丰富、设计优秀、技术先进、施工质量好和经济效益高的工程作为宣传报道的重点，向世人展现世界一流的交通精品工程。在川藏公路、青藏公路、青藏铁路的修筑过程中，面对多年冻土、高寒缺氧、生态脆弱三大世界性工程难题，建设者以敢于超越前人的大智大勇、不畏艰险的英雄气概和求真务实的科学态度，攻克难题，铸就了世界交通史上的丰碑。中国桥梁建设者以自力更生、敢为天下先的气魄，于 2018 年建成了世界上规模最大的跨海工程——港珠澳大桥，创下了多项世界之最。从新中国成立初期全国营运铁路实际通车不到 1.1 万千米，公路通车里程仅 7.5 万千米的交通状况，到如今我国建成世界上最大的高速铁路网、高速公路网、世界级港口群，中国高铁、中国路、中国桥、中国港、中国快递成为亮丽的中国名片。我国规模巨大、内畅外联的综合交通运输体系，不仅有力地支撑了我国成为世界第二大经济体和世界第一大货物贸易国，而且不断地激励着我们建设交通强国，其中的交通故事值得广泛宣传。

（四）加强交通行业典型的宣传报道

榜样的力量是无穷的。交通行业典型宣传报道中，发挥榜样的作用是交通文化传播的重要内容。先进典型作为一朵朵盛开的精神文明之花，不仅仅让人们欣赏和感动，更为重要的是，这些先进典型对于引导交通人深刻理解党的路线、方针、政策，激发投身交通强国建设的巨大热情，推动实际工作起到不可代替的作用。还要通过宣传先进典型把优秀的思想品德传播到人民群众中去，变成千百万人的自觉行动。要善于发现、培养和树立各类先进典型，进行广泛宣传报道，充分发挥先进典型的辐射力和影响力。例如，青岛港务局吊桥队队长许振超的事迹，展示出我国新时代产业工人和交通人的崭新形象，他在媒体宣传报道下成为全国家喻户晓的典型。感动中国 2018 年度人物其美多吉，30 年如一日，驾驶邮车在平均海拔 3 500 米的雪域邮路上运送邮件，累计行驶里程 140 多万千米，没有发生一起责任事故。遇到雪崩时，他为确保邮件安全，死守邮车，一点点铲雪，一千米路硬是走了两天两夜。这些先进典型用实际行动诠释着交通人的职业品质，应该成为宣传报道的重点。

三、交通文化传播渠道

在传播学中，传播渠道是指信息传播过程中传受双方沟通和交流信息的通道，如人际传播渠道、组织传播渠道、大众传播渠道①、线上渠道和线下渠道等。传播渠道包括传播符号、载体、媒介等基本要素。

符号是文化传播的基本要素之一，用来指称或代表它自身以外的其他事物，包括现实世界中的客观事物、人们思想世界中的事物、具体事物和抽象概念。符号一般可分为语言符号（口语、文字）和非语言符号（身体语言、视觉性非语言符号、听觉性非语言符号）。在文化传播活动中，符号都有人类赋予的特定意义，文化传播正是通过符号进行意义交流的行为。

载体在科学技术上是指某些能传递能量或运载其他东西的物质，如工业上用来传递热能的介质，使催化剂附着的浮石、硅胶等都是载体。载体也泛指能够承载其他事物的事物，如语言和文字是信息的载体。在传播学里，载体主要是指信息的承载物，包括借助人本身或原始自然存在的第一载体，如图画、语言、文字、标记、符号等，以及经过改造的存储第一载体的物质实体，我们称其为第二载体，如纸张、活字、磁带、胶片、光盘、U 盘、硬盘等。

媒介在传播学意义上是指承载并传递信息的物理形式，包括物质实体和物理能②。前者如各种印刷品、有象征意义的物体、信息传播设备等；后者如声波、光、电波等。简言之，媒介即信息传播的中介。在麦克卢汉（Marshall McLuhan）看来，媒介即万物，万物即媒介。媒介包括工具、内容和传播行为，自然也包括了符号和载体。但媒介是有别于符号和载体

---

① 邵培仁. 传播学 [M]. 3 版. 北京：高等教育出版社，2015：216.
② 戴元光，邵培仁，龚炜. 传播学原理与应用 [M]. 兰州：兰州大学出版社，1988：221.

的。例如，单纯的一张纸算不上媒介，如果在纸上写了一些有意义的符号，那么这张纸就成了信息的载体，如果继续把这张纸传递给多人阅读，那么这张纸就成了信息的媒介。狭义的媒介通常是指印刷媒介（书籍、报刊等）、电子媒介（广播、电视、电影等）和互联网。

交通文化也需要借助一定的符号、载体和媒介，并通过特定的途径进行传播，人类信息传播的已有成果都可以借用。早在2006年，河北邯郸为创建交通文化，打造和谐交通，采取了以下五大措施：一是创办交通文化报，刊登交通文化的战略体系，和谐交通文化的建设成果、做法和经验，对发展先进的交通文化起到了重要的作用；二是与电视台联合制作开设《交通新时空》栏目，让人民群众了解交通文化，并监督交通工作，在全县引起强烈反响，同时也得到了群众的好评；三是在已建成的道路上设立文化碑刻，在石碑上除了刻有路名方便行路外，还将和谐交通文化的理念、宗旨、精神和道德等一并刻在路碑上，使公路成了文化路；四是组织人员编撰《邯郸县①交通志》，把建设和谐交通的过程和经历载入史册，为后人建设未来交通提供经验；五是印制交通文化手册，包括交通精神文化手册、交通执行力文化手册、交通行为礼仪文化手册、交通廉政文化手册、交通管理文化手册、交通领导力文化手册，每名干部职工人手一套，使先进的、发展中的交通文化烙印在交通人的心中，成为学习和规范思想行为的工具。有了文化载体，交通和文化形成了共生共荣、紧密互动的一体化关系，成为交通发展的强大动力。通过交通文化建设，邯郸树立了良好的交通行业新风，有力地促进了交通事业持续、健康、协调发展②。

又如，日本交通文化振兴财团不仅以普及有关交通知识为己任，收集、保存、展示和提供有关交通的实物、模型、图版、纪念物及文献等资料，公开提供有关交通实验用的机器设备，出版并发放有关交通的出版物；还举办展览会、学习班、讲演会及参观活动，积极参与交通安全教

---

① 现为邯郸市。

② 白根海，杨林林.创建交通文化 打造和谐交通：邯郸县交通局和谐交通文化创建纪实[N].河北经济日报，2006-11-11（5）。

育，开设了交通博物馆、青梅铁道博物馆、交通科学博物馆及梅小路蒸汽机车馆等博物馆①。

随着时代的进步和社会经济的发展，人们对交通的要求已不仅是满足基本的通行条件，还提出了畅、洁、绿、美、安等人文要求，更多地关注文化上的、精神上的、心理上的需求，注重人的全面发展和生活质量的提高。因此，交通文化传播的符号、载体和媒介还有很大的提升空间。

江苏扬州以"护其貌、美其颜、扬其韵、铸其魂"为原则，充分挖掘利用扬州悠久的历史文化积淀，保护和整合唐城、宋城、明清古城等古城遗址和历史河道；结合河道的水域特色和文化内涵，提出都会水系概念，凸显扬州高品位水岸空间印象；利用主干道与水域景观廊道交叉的空间节点，设置茶室、亭廊、小品、雕塑等，建设扬州水环境展览馆，使之成为水上扬州、文化扬州的缩影。

可借助车、船、港、站、路、人和制度、活动、礼节、形象识别系统等各种载体，把交通文化贯穿建、养、征、管等各项工作中，做到交通建设塑造文明，公路养护展示文明，依法征收传播文明，路政管理规范文明，行风建设延伸文明，深化改革发展文明，切实使每个交通设施、每项交通服务、每个交通人都成为交通文化的忠实实践者、热情传播者、真正代表者。

可在交通行业开展争创"文明样板路""文明航道""文明车、船、港、站""文明客运（公交）示范线""青年岗位能手"等活动，引导和强化员工的价值取向，培育和丰富交通文化的内涵。开展各种丰富多彩的群众性文化活动，使交通行业职工参与其中，乐在其中。有效利用文化活动阵地，因地制宜地开展适合交通行业生产、生活实际的交通职工大练兵、大比武活动，以及各种演讲、歌咏、体育比赛等。大力宣传交通精神，展现交通人风貌，呈现交通文化文明、向上、奉献、和谐的内涵。

交通文化传播的渠道是多样的，应同时利用各种渠道积极开展宣传工

---

① 俞慰刚. 日本城市交通文化的现实启示 [J]. 上海城市管理职业技术学院学报，2008（1）：57-60.

作，用大众易于理解的语言、易于参与的活动，开展有针对性的交通文化宣传。开展"万人看交通""满意在交通""交通作风看窗口"等活动，广泛宣传交通发展成就。利用宣传手册、标语、横幅、电子显示牌等媒介，在收费站、汽车站、火车站、机场、船闸远调站和征收、服务大厅等"交通门户"，积极向服务对象开展相应的交通文化宣传，让广大群众充分了解交通各部门和单位的职责、服务举措和机关作风成效。还可创办交通报刊，开办交通广播和交通普法电视节目，开办交通类微博、微信公众号，开发交通类客户端，开通各类新媒体平台账号等，利用现代大众传媒的力量进行广泛宣传报道，引导全社会成员关注交通文化，齐心协力为交通发展贡献力量。

四、交通文化传播受众

受众也可称为受传者，是传播活动中的信息接收方，扮演着媒介产品的消费者、传播效果的反馈者等多种角色。没有受众的参与，交通文化传播活动就无的放矢。

一般而言，受众大多用于大众传播的场景之下，包括书籍的读者、广播的听众、电视电影的观众、互联网的用户等。但在人际传播活动中，传播者和受传者并不固定，在一定条件下可以相互转换。同时，人际传播活动大多在有限范围内进行，并没有广大的受众群体。因此，受众这一概念大多用于大众传播。

就受众在空间上分布、存在的态势看，受众的特点主要表现为：众多性、混杂性、分散性和隐匿性。就受众接受信息的内在机制看，受众又具有以下特点：一是自主性，受众具有强烈的自主意识，不会被动消极地接收信息，不会盲目地被传播者所左右；二是自述性，受众不一定完全按照传播者的意图去理解与接收信息，而是会做出自己的判断和解释；三是归属性，受众会自觉或不自觉地根据年龄、地域、性别、兴趣爱好、个性特征、宗教信仰、价值观念等因素将自己划分至某一特定群体。

受众人数众多又千差万别，为了在交通文化传播中做到有的放矢，有必要对受众进行分类。根据对信息的不同需求，受众可以划分为一般受众和专门受众。一般受众对各种媒介及信息都有接触的欲望，而没有需要特别锁定的媒介内容，他们接触信息主要是为了满足好奇心并完成日常生活的消遣。专门受众则有着特殊的兴趣爱好及接受倾向，他们参与传播活动的目的性与功利性较强，车迷、船迷、桥迷、航空迷都属于专门受众。

根据媒介对受众的了解程度和受众对信息的使用程度，我们可以将受众划分为基本受众和潜在受众。基本受众是业已成为某一传媒内容较为忠实与稳定的受众群体。从理论上讲，传播媒介对全社会开放，所有成员都可成为其受众，但事实却是绝大多数受众对于传播媒介有自己的偏好。他们往往选择某个或某些媒介作为信息的主要来源，如某一网站、频道、社交平台。这部分受众就是这些媒介的基本受众。潜在受众则是指对某一类媒介内容在心理上有潜在的接受意愿，目前没有但以后可能会接触与使用该媒介内容的人。

根据受众对待传播者及内容的仰慕程度，我们可以将受众划分为俯视型受众、仰视型受众和平视型受众。俯视型受众对于传播者所传播的信息，通常会以评判者、指导者的身份出现，如评委、阅卷的老师、影评人等。在这些受众中，有的专业性比传播者更胜一筹，有的权威性更强一些，也有的单纯对传播者或者其传播的信息持有一种居高临下、高人一等的俯视心态。仰视型受众是指以尊敬、仰慕、狂热、遵从的心态对待传播者及其所传信息的群体，明星的"粉丝"群体就是典型代表。平视型受众则以平等、中立的心态看待传播者所传播的信息，相较于仰视型受众，能够做出更加客观、有价值的反馈。

交通文化传播应确定基本的目标人群。例如，有学者对湖南交通文化遗产的推广进行研究，通过博物馆搜索预订人群等数据分析，发现文博旅游深受年轻群体喜欢，年轻人具有强烈的爱国主义精神，并追求创造力与个性化表达。传统文化需要年轻人去传播，因此湖南交通文化遗产推广将主要目标定为年轻人[①]。根据受众的类型、特点和需求，有针对性地进行交通文化传播，才能达到良好的传播效果。

---

① 李伟，丁加明. 基于品牌传播的湖南交通文化遗产的推广研究 [J]. 新楚文化，2022 (5)：14-17.

五、交通文化传播效果

在传播学领域，传播效果指的是传播媒介所传播的信息对受众的思想、态度和行为所产生的实际影响。交通文化传播效果即交通文化传播者所传播的交通文化内容对受众和社会产生的影响和结果。具体而言，交通文化传播是指交通文化在其传播、展示过程中所取得的为行业内部受众所接受、认同，以及被行业外部公众充分认可的实际效果，主要包括以下两个方面的内容：一是交通文化理念的内化。内化是指理念与理念接受者完全融合的理想状态。具体来说，就是将行业文化内化于行业管理理念中、渗透到行业管理制度中、体现在行业整体形象上，然后再将其相关内容传播至所有的员工，并且为员工所理解、接受，进而沉淀为员工的自我意识。二是交通文化理念的外化。外化是指将行业文化理念贯穿于行业运营的各项工作中，通过特定的载体向外界传播。因此，交通文化的外化就是通过向社会提供体现交通行业理念、精神和价值取向的优质产品和服务，向社会宣扬行业中的优秀集体和先进个人，向社会展示良好的行业风尚，从而树立起被社会认可的行业形象。

在交通文化传播过程中，从传播者发出信息到受众接收信息，中间存在着众多环节，每个环节或因素都可能直接或间接地影响传播效果。影响传播效果的因素主要有传播者、传播技巧、受众及其他因素。

传播学者孟德森曾指出，大多数失败的传播活动都缺少传播者，即讯息的制作者和发出者，而不是因为传播内容或受众出了问题，这说明传播者对传播效果有着重要影响。作为交通文化传播的主体，传播者在信息的采集、筛选、加工、传递中所起的作用，以及传播者的权威性、可信性、接近性、熟知性、悦目性等因素，都与传播效果有着密切的联系。

传播技巧对传播效果有着重要的影响，众多实验也证明传播技巧是传播效果的重要变量。所谓传播技巧，就是在传播活动中为达到预期效果而采取的策略。主要的传播技巧有一面提示和两面提示、首因效应和近因效应、明示法和暗示法、诉诸理性和诉诸感情、激发向往与唤起恐惧等。

传播效果最终取决于受众的反应。然而，受众是千差万别的，他们的个性特点、智商、群体归属等属性，使他们在面对同一个传播者、同样的传播技巧、同样的讯息时，可能会有不同的反应。意见领袖对一般受众也有着极为重要的影响，这一点已经被拉扎斯菲尔德等学者的研究证实。

此外，传播效果还受到传受关系、传播渠道、传播内容、社会环境等多种因素的影响。传播效果是多种因素交互作用的结果，也是一个非常复杂的过程。传播效果并非简单地随传播者的意志而转移。分析传播效果的影响和制约因素，对于传播者改进传播策略、增强传播效果具有重要意义。

第二节　交通文化传播的基本模式

交通文化传播是交通文化与信息传播各要素互动的动态传播过程。模式是科学研究中以文字、图形或公式等形式阐述事物的一种方法，是对客观事物的内外部机制的直观、简洁描述，可以为人们提供客观事物的整体信息，是理论的简化形式。交通文化传播模式是对交通文化传播过程的一种概括，是从复杂多样的交通文化传播现象中提取出来的交通文化传播过程所具有的一般特性。

一、文化传播模式分类

传播模式可规律性地再现现实，是表述普遍理论、描述与解释现象的总结性手段。1948 年，美国学者拉斯韦尔在《传播在社会中的结构与功能》一书中提出了著名的"5W"模式，首次将人类的传播活动解释为由传播者、传播内容、传播渠道、传播对象和传播效果五个环节和要素构成的过程，界定了传播学的研究范围和基本内容，影响极为深远。此后，传播学者们相继提出了数百个传播模式。英国传播学家丹尼斯·麦奎尔（Denis McQuail）及其助手温德尔（Sven Windahl）对这些模式进行了分析，将其分成 8 种类型 66 个模式。文化传播要比一般传播更为复杂，每个人的知识、经验、思维模式、价值观和对文化信息的理解都有所不同，文化传播同时还受到群体意识与人际交往的影响。因此，文化传播是一个极为复杂的过程。文化传播模式有多种分类，不同类型所呈现的方式及预期效果也不同。有学者对文化传播的模式进行了梳理和归纳，见表5-1。

表5-1　文化传播模式分类一览表①

分类	模式	简要概述
使用符号	文字模式	用文字符号传播信息，描述事物
	图表模式	用图表等形式表述事物
	数字模式	用数字和公式等构建关系
效果作用	结构性模式	以描述事物结构为目的
	功能性模式	从综合角度描述各系统、要素之间的关系和影响
基本模式	传递模式	以信息有效传递为出发点进行传播
	仪式性传播模式	以传播是信息共享和参与的观点为理论基础
	展示/注意力模式	强调传播的重心在于吸引受众注意力而非传递某种信息
传播过程	线性传播模式	拉斯韦尔"5W"模式、香农-韦弗模式、贝尔罗的线性模式
	控制论传播模式	把关人模式
	系统传播模式	赖利夫妇的传播系统模式、马莱茨克的传播系统模式
传播要素	短期效果模式	刺激-反应模式、两级传播模式、创新扩散模式、心理学模式
	大众传播模式	议程设置模式、依赖模式、螺旋模式
	受众中心模式	使用与满足模式、使用与效果模式、信息寻求模式、欣赏模式
	体系与流动模式	信源-记者关系模式、新闻流动模式、媒体选择与制作程序模式
	策划传播模式	传播宣传模式、传播效果的层次阶梯模式、公共关系的四种模式
	新媒体与信息社会模式	信息流动和处理模式、比较体制和传播政策模式
	国际传播模式	国际信息流动

---

① 张朝霞，黄昭文. 文化传播学 [M]. 北京：中国人民大学出版社，2019：38.

二、交通文化传播方式

交通文化传播与一般的文化传播模式既有共同之处，也存在一些个性化的特点和方式。一般来说，我们可以将交通文化传播分为直接传播、媒介传播和刺激传播三种方式。

（一）直接传播

直接传播是最简单、最基本的文化传播方式，是指通过直接接触进行交流而形成的文化传播。例如，两个相邻的文化群体通过日复一日的接触与交流，学习与吸取彼此的文化要素，将其融入自身的文化之中。衣食住行、工作、学习娱乐等生活方式，以及神话、传说、故事、笑话、谚语等民间艺术形式很容易以直接接触的方式得以传播。人们亲自体验或面对面沟通交流一个地域、群体交通出行与交通运输的理念、方式和行为，便是交通文化的直接传播。

（二）媒介传播

文化还可以通过一定的载体与工具进行传播。在这种情况下，文化不是直接传播的，而是通过第三者作为媒介进行间接传播的。在人类历史上，有很多流动性比较强的人群，如传教士、使节、旅行者、商人等，他们通过接触不同的文化，有意或无意地将本文化系统的文化要素传播给异文化系统，发挥了"可移动的文化载体"的功能。

13世纪，成吉思汗、拔都、旭烈兀经过三次西征，征服了东自中国、西抵多瑙河畔的大片土地，东西交通也因此畅通无阻。一直到14世纪中叶的100多年间，欧洲的很多商人、传教士前往东方，可谓"使者相望于道，商旅不绝于途"。马可·波罗作为肩负宗教使命和怀有商业目的的混合体，也是其中的代表。马可·波罗在《马可·波罗游记》里记述了关于中国的见闻，例如，万里长城和京杭大运河是举世闻名的工程奇迹；驿站制度使疆域内的陆路交通极为发达；杭州街道宽敞，有运河交通，又有石砌的沟渠排水，是世界上最优美和最高贵的城市。马可·波罗把他看到的难以置信的东方文明传播到欧洲，其中也包括东方的交通文明，这就是交通文化间接传播的典型案例。

西班牙历史学家门多萨于 1585 年出版的《大中华帝国史》，详细介绍了中国的自然地理、宗教习俗、政治经济等情况，也介绍了中国文字、印刷术、用于水运的大量巨大船舶等情况，为欧洲知识界提供了有关中国及其制度的丰富知识，为此后弥漫欧洲几个世纪的"中国崇拜"提供了知识与价值的起点。

当今社会，现代传媒充当了文化传播的重要载体。报纸、广播、电视、网络等多种媒介源源不断地向大众传播各类交通文化信息，速度快，覆盖面广，影响力大，完全改变了传统社会面对面的人际交往模式和文化传播模式，广泛而深刻地影响着人们的行为与价值取向。

（三）刺激传播

刺激传播也叫观念传播、激起传播，是一种特殊的文化传播方式，指的是某一群体的发明、创造等事物的信息观念传播至另一个群体，对其造成刺激，从而激发他们的创造灵感，使之发明或发展出某个新的事物。或者说，刺激传播是由外来文化的传入所产生的新的文化因素。

"有时只要有一点点暗示，只要受到某种思想的隐约启发，就足以引起一连串的发展，而这些发展在以后的年代中，又会导致一些显然有完全独立的起源但又大体上相似的事物的出现。"[①] 踏轮车船的历史就是一个复杂而有趣的实例。利用叶桨轮把力传给水（推水轮）以达到在水面上运动的目的的想法，随时都可能从维特鲁威立式水轮或者现在所用的戽水车联想出来。事实上，公元 4 世纪末期，拜占庭的一位无名作者就曾经提出过这样的设想，这位作者的军事工程计划虽然从那时一直传到今天，但是几乎可以肯定，他的设想在当时并没有变成现实。后来在 6 世纪，拜占庭的将军贝利萨留在哥特人包围罗马时，曾把碾磨谷物的水磨安装在停泊的船上。中国很早就已经有了用踏轮来驱动的真正的车船，并且多次用作水师船行驶在湖泊和运河上。这种船确实一直沿用到今天，凡是到过广州港口和珠江的人都可能看到过这样的船。这件事很可能是这样发生的：在唐代

---

① 李约瑟. 中国科学技术史（第一卷）［M］. 北京，上海：科学出版社，上海古籍出版社，1990：255.

的某个时期或者更早一些，出现了一个传闻，说是"有人曾在拂菻国（东罗马帝国）看到过船上有转动的轮子"，中国的工程师听到这个传闻以后，由于误解了轮子所起的作用，设计出来的不是设在船上的浮动谷磨，而是真正的踏轮车船。这样的传闻很可能是由 7 世纪时拜占庭的使者带来的。此后，经过很长的一段时间，消息似乎又往相反的方向传播了，因为在中古时代后期的欧洲技术文献手稿中，有过关于踏轮车船的描述。例如，1335 年基多·达·维格伐诺和 1407 年康拉德·凯塞的著作，但最先记载这种船的真实结构的是布拉斯科·德·加雷。因此，这种方向相反的传播，也像其他许多东西一样，可以确定发生在马可·波罗的时代。后来，当第一批汽船以它们的明轮搅动着中国各港湾的海水时，那些看到这种古老的踏轮帆船的欧洲船员，绝对不可能相信它们会是中国人自己发明的，而不是以欧洲人的汽船为蓝本而制成的一种粗糙的仿制品①。

克罗伯（Kroeber）指出，在每一个推动传播的实例中，实际引起的都是一种新的模式的诞生，这种模式对产生它的那种文化来说是崭新的，但在整个人类文化中却并不是全新的。至于为什么有的文化可以受到创新的启发而创造出新的事物，有的文化却做不到，李约瑟提出，激发性传播的概念在社会进化过程中所起的作用同脊椎动物的个体形态形成具有极大的相似之处。刺激并不具有物种特定性，对应的组织是"根据它自己的传统"做出反应的，也就是说，将根据它自己的遗传学机制而做出反应。同样，在社会进化的进程中，在技术史上一定也曾经多次发生过同样的情况——一种概念传入后，所发生的反应的性质取决于当地文化的特征②。

---

① 李约瑟. 中国科学技术史（第一卷）[M]. 北京，上海：科学出版社，上海古籍出版社，1990：256-257.

② 李约瑟. 中国科学技术史（第一卷）[M]. 北京，上海：科学出版社，上海古籍出版社，1990：259.

第三节　交通文化传播的基本规律

传播不仅是文化普遍的必然的现象，而且是文化的本质特征。交通文化传播是交通文化运动最早和最重要的一种表现形式。在宏观层面，交通文化传播具有一般文化传播的基本规律。

一、传播层次由表及里、由局部到整体

交通文化包含三个层次：交通物质文化、交通制度文化和交通精神文化。其中，交通精神文化最难改变，它涉及信仰、价值观等方面，是交通文化的核心与根本，具有一定的地域性、民族性和持久性。一旦与异文化相遇，就很有可能会发生文化理念与价值观念的冲突，表现出一定的排他性。相比之下，交通物质文化表现在器物的层面，是交通文化的物化形式，很少会有文化的情感特征和价值冲突，是一种普遍适用的价值成果，或者说是一种中性的工具价值。因此，交通物质文化传播的阻力较小、传播的速度较快、规模较大。例如，船舶、汽车、摩托车等，不管是哪个国家的产品，只要具有精致性或先进性等特点，就很容易风靡全世界。

交通制度文化介于交通物质文化和交通精神文化之间。以外来文化在近代中国社会的传播为例，我们可以看到它充分遵循了由物质文化到制度文化再到精神文化的传播过程，凸显了文化传播由表层向深层循序推进的规律。

不管什么类型和何种发展程度的文化，就其结构来说，都包含三个层面。第一个层面是物质的层面；第二个层面是表层和里层的结合和统一；第三个层面是心理层面或者说意识层面。洋务运动，或者说近代史的第一阶段，它着重去接受西方的物质文明……近代历史的发展和文化结构的展开的第二个时期，包括戊戌变法和辛亥革命这两个在政治价值上不同的阶段。从政治上看，二者有改良与革命的根本差别；从文化变迁上看，却都是发生在结构的中间一层上。五四运动是第三个时期，更深刻的时期，它

的任务是解决文化深层次的问题，即人们的心理状态问题，当时被称为"国民性"①。

就交通文化传播而言，1840年以后，西方列强以洋枪大炮敲开了中国的大门，他们强迫清廷开辟通商口岸，引入新式交通，修筑马路，加强交通管理，这些给近代中国的交通带来了新的变化。这一时期，轮船、火车、汽车、飞机等新式交通工具的出现，极大地冲击着人们的生活方式和思想观念。这不仅是交通工具的进步，它也从一个侧面反映了中国近代社会转型的轨迹，折射出新旧文化演进的复杂历程。

二、传播方向由文化势能高者到文化势能低者

文化的交流是双向的，但一般而言，文化的流向更多的是从政治、经济、军事、文化强势的一方流向弱势一方，呈现出由文化势能高的一方向文化势能低的一方辐射的态势。

文化的发展是一个复杂的问题，受到政治、经济等多种因素的影响。除此之外，文化的发展还有其内在的逻辑理路，有着相对的独立性。因此，综合国力强大的国家的文化未必比综合国力相对弱小的国家发达。然而，综合国力的强弱，却是和文化传播力成正比的。综合国力强大的国家，在国际关系中处于主动与核心的位置，其文化依托强大的国力作为后盾，为世人所瞩目。当今世界，以美国为代表的发达国家在利用政治、军事、外交等手段对世界施加影响的同时，还非常注重文化传播的力量，利用自己先进的技术与文化传播方式，向世界输出自身的文化，不遗余力占据全球性的文化影响力，以谋求国际战略利益。现代文化传播日益成为影响国家文化安全的相对独立的战略力量。而现代文化传播的高技术化、全球化和实力化，更加强化了综合国力强大的国家的文化强势地位。

相比之下，综合国力较弱的国家在国际社会不占主导地位，即使其文化是优秀和有价值的，也难以被世界所注意与接受。尤其是在国力低微、文化弱势的社会，难以满足社会发展和民众生存的需求，导致民众对本土

---

① 庞朴. 文化的民族性与时代性［M］. 北京：中国和平出版社，1988：37-40.

文化失去信心，而对外来的强势文化产生崇拜心理，形成所谓"国外的月亮比国内圆"的心理。在中国近代史上，国力衰弱，列强入侵，在救亡图存的浪潮中，人们对传统文化逐渐产生怀疑，甚至失去信心，对西方文化则由鄙夷转为仰慕，从而兴起了一股大规模地引进西方资本主义文化的浪潮，甚至出现了一些全盘否定中国传统文化的声音。可见，国力强弱对国人的文化自信有着直接的影响。

近代中西交通文化的传播可以说明上述问题。列强入侵中国后，西方的新型交通工具和交通行业也被引入中国，对中国产生了巨大影响，在思想领域引起强烈震荡。对于是否学习引进西方先进技术和组织管理经验，清政府统治阶层内部出现意见分歧，普通百姓也经历了一个从陌生排斥到熟悉认可的过程。随着时间的推移，新式交通的便捷性日益深入人心，影响民众日常生活的方方面面，才逐渐成为生活中不可或缺的一部分。

三、受传者并非完全被动，而具有主观能动性

文化传播是一个有选择的过程，而不是全无筛选的全盘接受的过程。任何文化系统都有既定的价值观念、礼仪规范、生活方式。当一种文化接触外来文化时，会衡量其与自身的文化传统、价值理念等是否相容，然后才是如何消化与吸收的问题。一种文化会根据需要，对外来文化进行筛选与改造，使其成为自身文化的一部分。日本在古代大力学习中国文化，在近现代又极力向欧美靠拢，但其既没有被汉化，也没有被欧美化，而是保持了自身文化的独立性，这正是有选择地学习外来文化的结果。火车在中国出现也是一个典型的例子。人们对晚清火车的认识，大多源自那个令人捧腹的"马拉火车事件"。1865 年，英国商人杜兰德在北京宣武门外试行小火车，但这种做法被清政府视为异类而被阻止。1876 年，英国怡和洋行的"先导"号蒸汽机车在上海和吴淞间试行，结果也被清政府叫停。由于当时消息闭塞，人们对火车不甚了解，加之火车压死人的事故屡有发生，所以反对之声不绝于耳。随着洋务运动的开展，火车才逐渐引起了统治者的重视。更高效、更优越、功能更多的文化要素并不会必然成为传播的内容。尽管对方的某个文化要素显现出很明显的优势，但是人们出于习俗的

惯性与约束，并不乐于进行传播。习惯会成为接受与传播的障碍。人们会习惯性地倾向于用自己的老办法去解决问题，不一定会选择新的事物进行尝试与调适①。

如何筛选、理解与诠释外来文化，也是一个具有选择性的问题。即使是在大规模的、整体性的文化传播高潮，即使是在全面吸收和移植外来文化的时期，本土文化也是有选择的，只有那些适应当时当地需要且与当地文化传统相容的事物，才有可能被接受。本土文化在接受外来文化时，总是选择引进那些既与本土文化相似的，又不是完全相同的，也不是完全不同的部分；最佳选择机制和态势是"相似相近"的部分，而既有相同又有相异的文化要素，无论相同还是相异部分，都具有吸引力和"附着力"。就本土文化来说，那些与外来异质文化具有相似性的部分，可称为"相似块"。本土文化与异质文化的相"相似块"在"传播→接受"过程中相遇而产生"共振""共鸣""相吸""互渗"等文化现象，从而吸取之，以滋养自身、补充自身、壮大自身，从而滚雪球似地发展起来②。

---

① 陈华文. 文化学概论新编［M］. 3 版. 北京：首都经济贸易出版社，2016：218.

② 武斌. 文化传播论：以中华文化在海外的传播来讨论［J］. 社会科学辑刊，1998（5）：7.

第六章 交通文化传播与提升交通文化软实力

2019 年，中共中央、国务院印发了《交通强国建设纲要》，明确从 2021 年到 21 世纪中叶，我国将分两个阶段推进交通强国建设，为我国交通事业发展指明了方向。基础设施、交通装备、运输组织、科技创新、安全保障等构成国家交通的硬实力；交通文化、交通理念、交通政策等资源所释放的国家交通影响力和感召力等构成国家交通的软实力。硬实力和软实力相互影响、相互作用，共同构成交通强国的综合实力[①]。

交通文化传播有利于不同国家和地区、不同时代的交通文化进行横向和纵向交流，不仅能够推动交通技术的进步和交通工具的革新，促进交通物质文化建设，提升交通运输硬实力，也能够推动交通运输制度创新、管理创新，加强交通安全文明素养教育，提升交通文化软实力。

第一节 推动交通制度创新

从人类社会产生以来，人们就一直在创建各种制度用以规范社会行为，维持社会的良性运行。交通作为社会运行的一部分，自然也需要制度

---

① 韩晓瑜. 加快建设交通强国背景下提升交通文化软实力的思考 [J]. 交通企业管理，2023 (2)：17-19.

的支撑。古代也有各种制度来对交通加以规范。到了现代交通时期，交通状况日益复杂，因此对现代化的交通制度规范的要求也日益迫切。

一、交通制度发展演变

道路交通制度在不同的历史时期、不同的国家，也不尽相同。以我国为例，我国的道路交通制度大致可分为马车时代的道路交通制度和汽车时代的道路交通制度。

马车时代大致从公元前 2 000 年至 20 世纪初，即从夏朝到清末，其间经历了原始社会、奴隶社会和封建社会诸多历史时期。据有关资料介绍，大约在黄帝时代，劳动人民采用圆轮运输货物，名曰"舟车"。商代奚仲出任车正，负责管理车辆。而至周代，规定车辆轮距为八尺，不按此规定制造的车辆不准出售，并设置了道路守卫和交通管理人员——司空官。此外，周代还产生了简单的道路法规和交通法规，如规定设置道路标志，在道路行走时男子从右、妇女从左，车从中央，夜间禁止通行等。春秋战国时期，各国在交通大道上设置驿站，以传递文书及接待官吏。

秦汉时期，道路交通管理制度在前代的基础上又有了新的发展且更加完善，建立了一系列道路交通制度。第一，驰道制度。反映秦汉制度的古籍《三辅黄图》卷一载："驰道，按秦本纪，始皇二十七年治驰道。注曰：驰道，天子道也。汉令，诸侯有制，得行驰道中者行旁道，无得行中央三丈也。不如令，没入其车马"①。汉承秦制，故此律亦反映了秦代的驰道制度。此律在秦汉时被奉为圭臬，严格执行，即使贵为太子亦不可例外。第二，人行制度。秦汉时在人行制度上出现了重大转变，即从周代的男女异道之制改为男女混行之制。据《淮南子·齐俗训》记载："今之国都，男女切踦，肩摩于道，其于俗，一也。"为使人行有秩序，汉王朝又制定了按人行方向划分人流的人行规则。《三辅决录》云："长安城门三涂洞开，隐以金椎，周以林木，左右出入，为往来之径。行者升降有上下之别。"

---

① 陕西省古籍整理办公室. 三辅黄图校注 [M]. 何清谷，校注. 西安：三秦出版社，1995：52.

陆机在《洛阳记》中说得更为清楚："宫门及城中大皆分作三，中央御道，门人皆行左右，左入右出。"第三，夜禁制度。始见于周代的夜禁制度为秦汉所承袭沿用，实施更为严格，即使贵为皇亲国戚也得遵守，否则将处以极刑。第四，关禁制度。秦始皇统一六国后，为了强化道路交通治安及控制百姓流动，在道路要冲层层设卡，稽查行旅。汉承秦制，继续推行此制。当时的关禁制度规定，凡出入关口均须用传（传即符信，亦称之为过所，它是行人的通行许可证），违者，必究之于法。第五，车舆制度。秦汉时在道路交通工具管理方面制定了一套等级森严的车舆制度，规定不同等级地位之人要使用不同等级的车辆，不得僭越，违者，以罪治之。第六，路税制度。出于增加国家税收和保养道路之需要，秦汉时开始对百姓征收多种道路交通管理费，汉武帝时又征收交通工具税。

盛唐时代，道路交通管理被列入了《唐律疏义》，道路交通管理制度亦日臻完善，这集中体现在对道路和驿站的管理上。唐代的道路交通管理由刑部和兵部分别负责。对道路交通的管理，在中央由刑部司门郎中负责，在地方则由州的户曹、司户、参军负责。对驿站的管理，由兵部的驾部郎中及员外郎负责。另外，唐代还规定，都城的街巷及人群中不准走马车，违者处罚。如发生交通事故而造成伤亡者，要作为过失犯罪论处，只是在量刑上比刑事犯罪罪轻一等。

宋代，有的地区已有了较完善的通行法规。元朝的驿站由兵部中书负责。明、清两代的驿站均由兵部的车驾清史司负责。

20世纪初，汽车在中国出现。1901年，匈牙利人黎恩斯输入上海两辆汽车并于次年在租界一带行驶。1902年，清政府进口了一辆4马力的汽车，专供慈禧太后在颐和园游玩之用。此后，汽车广泛出现在国内各通商口岸。这标志着我国道路交通进入汽车时代，一些现代交通制度元素开始出现。

现代交通诞生的标志是现代化交通工具的发明和普及，以及现代交通理念的形成和规章制度的建立。今天，汽车、汽车牌照、交通警察、交通法规、红绿灯等交通制度元素已经完善，作为现代化的交通制度元素，也有其产生和发展的过程。例如，西方交通警察的产生是在1912年，当时英国政府下令在伦敦成立交通警察组织，使得道路交通管理纳入警察局日常勤务，在伦敦几条主要街道进行巡视，于是一个新警种诞生了。而在中国，交通警察则产生于近代末期。1902 年，清政府任命赵秉钧为交通警察总监，并且责成他在天津制定我国最早的交通法规《警察专章十二条》，使交通管理列入日常警务。随后赵秉钧奉旨回北京，升为警察部令，专门监管交通，并筹建交警组织。直到 1935 年，我国才在北平成立了第一支专管道路交通的警察组织。

汽车牌照最早产生于法国巴黎的警察局。自广泛应用开始，汽车牌照就融入了当地文化的独特要素。在我国，人们大都喜欢使用尾号为"6"或"8"的数字。在有的地区，部分汽车牌号比汽车本身还要贵重。1994 年 3 月，香港一位富豪花费 130 万港币成功竞买无英文字头的第 9 号车牌，创下了当时世界车牌价格的最早纪录。车牌作为现代交通工具的标志之一，既是现代交通管理的需要，也体现了现代交通文化的特点。

另一现代交通制度元素是交通法规。100 多年前，马路上交叉路口没有红绿灯，也没有系统的交通规则，美国人威廉·伊诺为改变这一切做出了重大贡献。他终生致力于交通安全理论和规则的制定，其成果被世人和各国交通管理当局接受采纳，后人尊他为"现代安全交通之父"。在古代虽也有与交通有关的一些规定，但主要是针对交通工具的礼仪性要求，因那时道路交通状况不是很复杂，不需要进行详细规范。从近代交通的晚期开始，随着交通工具的速度越来越快，数量越来越多，使用道路的人也越来越多，而道路总量却受到很大限制，不能无限量地增加，就造成交通设施的紧张。为了解决资源有限而产生的种种问题，各国开始有意识地制定各种与交通有关的法律法规，以规范日益发展的道路交通。到了现代，这种规范愈加严谨有效，且日益朝着维护交通弱势群体利益的方向发展，体现了深切的人文关怀，这与之前的交通制度形成了鲜明的对比。

二、现代交通制度创新

交通运输系统按照不同运输方式的比较优势组织运输生产，受制于运输系统的制度安排①。近现代以来，城市在社会生活中的作用越来越重要。现代交通变革主要发生在城市地区，现代化的交通制度创新也几乎围绕城市交通而进行，其中主要有两个目标：一是增强城市的交通能力，包括对外交通能力和内部交通能力，前者是指在几小时、几天或几周从城市疏散出去的能力及与其他城市进行交通联系的能力，后者是指从城市向居民提供的多种便利服务（就业、购物、娱乐、交往）中获取利益的交通能力②；二是重视维护城市交通主体的利益，特别是维护交通弱势群体的利益。

首先，不同于以往的交通制度，现代交通制度主要是为了维护大多数人的利益，为了整个城市的畅通无阻与整个社会的利益最大化。在许多发展得较好的城市中，为社会公众提供服务的公交车辆在城市的交通系统中居于优先地位。从资源消费、成本与价格、道路空间利用率来分析，公共交通是道路和资源利用率最高的交通方式。除了北美洲、澳大利亚的一些城市，世界上绝大多数城市把公共交通作为满足居民出行需求、提高城市机动性和可达性、提高城市交通供给水平和交通运输系统效率的基本手段。在一定程度上，公共交通系统的优劣是评价城市效率和发展潜力的一个重要指标。

其次，与之对应的是对于私人交通工具特别是私家车的合理限制。以前，拥有私人交通工具是身份的象征，不仅不会限制，而且还是相当一部分人的愿望。但是到了现代交通环境中，随着交通资源的日益紧张，对于蓬勃发展的私人交通进行限制成为必要。为了规范和合理制约私人交通，各地出台了一系列措施。消费者是否买车主要取决于两点：汽车价格和用车成本预期测算。很多人购车时只看价格，只要能买得起车，日后的使用成本一般是不多考虑的，因为在中国私家车的使用成本是较低的。但是对私家车的使用进行规范则是有必要的。在一些城市中，私家车只有在一些特定的日子才可以出行，以此来减轻城市交通面临的压力。

最后，交通制度的创新还体现在日益将交通管理纳入法律体系，制定

---

① 张国强. 制度创新与交通运输发展：分析框架 [J]. 综合运输, 2019 (3): 7.
② 梅兰. 我知道什么？城市交通 [M]. 高煜, 译. 北京：商务印书馆, 1996: 1.

一系列法律法规来对交通进行强有力的监管。法律是维护社会日常秩序最有效的武器，将交通纳入法律体系，充分彰显了对现代交通的重视。美国人威廉·伊诺终生致力于交通安全理论和规则的制定，为现代交通的发展做出了重大贡献。我国也制定了《中华人民共和国道路交通安全法》来对交通进行规范。日本早在明治维新时代就已确立了交通先行的城市发展政策，此后一贯重视交通发展并颁布了一系列法规。相关法规除城市规划法外，还有更高层面的国土利用规划法和国家主干高速公路建设法，专项法有道路法、汽油税法、有轨电车法及停车泊位法等，另外还规定大都会地区高速公路开发公司直接参与大型道路设施建设。

第二节　推动交通管理创新

交通文化传播在推动交通管理创新，健全完善隐患排查治理、交通安全防控、法治保障、科技支撑、协同共治五大工作体系，着力破解农村交通安全管理、交通安全文化建设、城市交通精细管理三大发展难题，统筹推进预防事故保安全、规范执法护稳定、便民利企促发展、从严治警强队伍四个工作布局，以新安全格局保障新发展格局，以高水平安全保障高质量发展等方面能够发挥重要作用。

一、基于文化的交通管理

广义的交通管理包括交通及管理的整个流程，即交通设计阶段的规划管理、实施阶段的建设管理、运行阶段的功能管理与安全管理四大环节。其中，规划和建设管理其实是以物质文化和制度文化形式出现的交通文化的重要体现，功能管理和安全管理则集中体现了交通文化中的行为方式和精神观念。在主要交通设施布局合理的条件下，只有有效调控交通需求，使交通资源得到有效配置，才有可能做到供需矛盾的相对统一，为出行者提供必要的选择及科学的交通组织。

交通管理思想、制度、模式、方式都是文化的产物，具有文化的烙印。因此，在不同的文化背景下，不同的国家或城市的交通管理是有区别的。具体来说，交通行为不仅是制度问题、法律问题，还是一个文化问题，各种交通违法的背后是两种文化的冲突。例如，酒后驾车是交通文化与饮食文化（主要是酒文化）的冲突。同理，闯红灯、翻越道路栏杆、逆行、乱停乱放、超速行驶则是交通秩序文化与效率文化的冲突。如何处理交通违法就体现了两种文化"谁优先"的问题。

道路及其附属设施是交通物质文化，是人类建筑文化和科技文化的传承；各种交通法规政策是交通文化的制度文化，体现了人类对交通活动的规范性要求；礼让行人，文明行车，让出生命通道，则诠释了社会的伦理道德和精神文化。交通文化的三个结构层面相互作用、相互联系，形成一个有机整体。物质文化是交通管理的"外衣"，交通的发展离不开道路、停车场、加油站等交通基础设施等物质文化要素。制度文化是交通管理的"骨架"，为交通物质文化和精神文化提供了制度保证。精神文化则是交通管理的"灵魂"，是交通文化在公众头脑中的现实反映，又会反过来影响物质文化和制度文化的发展。

交通管理存在典型的文化因子，研究文化作用于交通的机理，探索基于文化的交通管理，是推动交通管理创新的有力举措。文化因素在交通管理中的作用主要表现在以下三个方面：

第一，文化塑造行为。文化是人类的创造物，但其一旦被创造出，即成为独立于人的客观存续，以行为方式、生活习惯、价值观念和科学知识等多种形式实现代际传承，并被不断丰富、结构化和系统化，成为促进人性优化、人格完善和人的全面发展的核心力量。优秀的文化可以开阔视野，促进思想解放和观念的更新，丰富人的精神世界，增强人的精神力量。文化能够影响人们的实践活动、认识活动和思维方式。在德国，当行人横穿人行横道时，汽车会主动停下来让行人先行。看似驾驶人礼让行人，其实是德国人的文化在影响着他们，使礼让成为行为习惯。

第二，文化促进管理。交通秩序状况和交通文化建设密切相关，在当前社会文化的宏观背景下，若有一种居于主导地位的交通文化为交通出行者所认同并共同自觉遵守，交通秩序就处于相对稳定且有序运行的态势。

在东京，准时的地铁和公共电车、鲜明的路标指示、严格具体的交通规则、拥挤而有序的路面交通、秩序井然的习惯性排队等共同组成东京的交通文化。日本从地下通道到天桥，从学校到住宅区，构筑起时时处处为行人着想的交通体系，因此形成了"行人过马路看灯不看车"的良好风气①。这为交通管理带来了极大便利。

第三，文化整合社会。社会因秩序而整合为一体，没有文化的作用，社会运行就无秩序可言。文化系统的符号、价值系统和规范系统为人、社群间的彼此认同、沟通协调奠定了基础，创造了条件。文化内化于所有社会成员的精神结构中，作为生活习俗、纲常伦理、道德律令和处事原则而存在，不仅会影响和规范个体成员的活动方式，而且能使社会有序地运行。

交通拥堵是城市发展中的一大常见问题，世界各国都在不断探索城市交通拥堵解决之道。从我国大城市交通拥堵治理的实践层面来看，针对交通拥堵问题，许多大城市的治堵方式一般包括：依靠硬件建设，如增加道路供给、完善路网结构等；依靠管理手段，如交通需求管理、各类行政处罚条款等；依靠技术手段，如智能交通系统 ITS 等。这些措施的施行使得各大城市拥堵状况得到了不同程度的改善，但仍未能从根本上解决交通拥堵问题。从我国大城市交通拥堵治理的研究层面来看，众多国内学者倾向于从政策、技术和管理等方面考察城市交通拥堵问题的成因及治理对策，较少从文化层面关注和解决交通拥堵问题。

事实上，交通拥堵问题是城市化建设进程中的系列问题之一，其形成有着深厚的文化渊源。交通拥堵治理并不仅仅是简单处理机动车保有量与道路供给关系的问题。我们必须看到国外大城市交通拥堵治理措施中贯彻的文化策略，从交通文化的角度研究国外大城市治堵经验，才能为我国解决城市交通拥堵问题提供新的思路。

基于交通文化的交通拥堵治理策略主要有以下三个：一是交通物质文化策略，目标是协调交通参与者与自然之间的关系。例如，在高密度人口城市进一步发展以轨道交通为主体的公共交通体系，并实现轨道交通与其

---

① 京京. 看灯不看车 日本独有的交通文化 [J]. 驾驶园，2016 (8)：11-12.

他交通方式的便捷换乘。二是交通制度文化策略，目标是协调交通参与者之间的关系，保障各类交通参与者的交通道路权利。例如，制定政策措施限制私人小汽车的购买量，通过道路收费政策、停车管理手段等方式减少私人小汽车的使用，从而减少公共交通被私人交通过度侵占。三是交通精神文化策略，主要通过对交通参与者的观念和行为的改变，实现对城市交通量的控制，缓解城市交通拥堵，提高交通效率。其中，"绿色交通"理念是欧美国家特别是欧洲各大城市交通精神文化策略的典型。这些国家通过各种渠道和各级各类媒体，在居民群体中宣传"绿色交通"理念，改变居民的交通消费观念，鼓励居民步行、骑自行车或乘坐公共交通，达到缓解城市交通拥堵、减少环境污染和节约利用资源的目的。

二、中国交通管理工作的现代化

中国式现代化是人口规模巨大的现代化，是全体人民共同富裕的现代化，是物质文明和精神文明相协调的现代化，是人与自然和谐共生的现代化，是走和平发展道路的现代化。党的二十大报告深刻地指出了中国式现代化的内涵要义，也为交通管理工作现代化提供了遵循指引。

中国交通管理工作现代化，是人车路规模巨大的现代化，是机动化、城镇化同步快速发展的现代化，是城乡道路交通融合发展的现代化，是统筹保障安全畅通、维护社会稳定、服务经济社会发展的现代化，是交通治理理念、治理体系、治理能力协同创新一体推进的现代化①。

中国交通管理工作现代化是全体人民共同富裕的重要基础。要坚持把实现人民对美好生活的向往作为现代化建设的出发点和落脚点，着力维护和促进社会公平正义，着力促进全体人民共同富裕，坚决防止两极分化。衣食住行是人民生产生活的重要组成部分，行得安全、行得畅通是共同富裕的必要前提和关键基础。交通管理工作的现代化，就是要为全体人民共同富裕创造良好的交通运行环境，为全体人民共同富裕提供最为有力的交

---

① 全国公安交通管理工作电视电话会议召开 刘钊出席并讲话［N］. 人民公安报，2023-03-29（1）.

通安全保障。

交通管理工作现代化是满足人民群众美好生活需要的重要条件。交通管理工作的现代化，是党领导下的现代化事业之一。因此，交通管理工作的现代化，就是要坚持中国共产党的领导，坚持以人民为中心，为人民谋幸福，让人民过上好日子，满足人民群众对美好生活的向往。随着我国经济的不断发展，道路交通机动化已经逐步进入"家家有车、人人有证"的时代，交通管理工作的现代化，必须要为人民享受现代化交通服务提供安全畅通、优质高效、公平公正的交通环境。

交通管理工作现代化是推进物质文明与精神文明相协调的重要因素。物质富足、精神富有是社会主义现代化的根本要求。道路交通系统，既是经济社会运行的重要基础，也是社会文明的重要组成部分，对物质文明和精神文明建设及协调推进有着积极意义。交通管理工作的现代化就是要聚焦交通系统物质文明和精神文明发展的不平衡不充分问题，厚植现代化的物质基础，不断满足人民幸福生活的物质条件，提高交通支撑服务现代化的能力，同时以社会主义先进文化为指引，大力推进交通安全文化建设，以交通系统的协调运行促进物的全面丰富和人的全面发展。

交通管理工作现代化是促进人与自然和谐共生的重要组成。习近平总书记强调："我们要建设的现代化是人与自然和谐共生的现代化，既要创造更多物质财富和精神财富以满足人民日益增长的美好生活需要，也要提供更多优质生态产品以满足人民日益增长的优美生态环境需要。""碳达峰、碳中和"是我们对国际社会做出的庄严承诺，也是我们国家生态文明建设的重要目标。道路交通系统运行，不可避免地与生态环境交互，尾气排放、噪声污染等都是交通运行的负效应，与生态治理息息相关。交通管理工作的现代化，必须以习近平生态文明思想为指引，坚持"绿水青山就是金山银山"的生态理念，守住良好交通环境这个最为普惠的民生福祉，积极促进交通系统与自然环境和谐共生、相得益彰。

交通管理工作现代化是助力世界和平与发展的重要力量。道路交通是国际交流交往的重要方式和途径，道路交通安全也是世界各国发展共同关注的重要话题和难题。中国式现代化强调同世界各国互利共赢，坚定站在历史正确的一边、站在人类文明进步的一边，高举和平、发展、合作、共赢旗帜，推动构建人类命运共同体。交通管理工作现代化要立足更高站位、更广视野，聚焦国际道路交通前沿所需和共同难题，奋力推进中国道路交通管理的成熟经验、成功方案走向世界，促进与世界相交、与时代相通，助力世界和平与发展。

多年以来，我国交通运输行业以践行社会主义核心价值观为主线，努力构建行业核心价值体系，培养树立先进典型，积极开展特色文化建设活动，行业文化建设工作取得了显著进步，为保证我国交通运输事业快速发展发挥了重要作用。

济南交警用"家"文化诉诸情感，用"先"文化树立理念，用"爱"文化服务群众，用"福"文化凝聚警心，确保了"济南交警"这块典型招牌20年屹立坚挺①。山东公安交警部门树牢"严管就是厚爱"的理念，强化队伍日常教育管理和专业能力培养，健全覆盖执勤执法、管理服务、日常养成等各方面的制度机制、规范体系，以推动交警队伍正规化专业化职业化建设，持续推动交管工作现代化②。

湖南省公安厅交警总队全力打造以"道安监管云"为基座、交通集成指挥平台为中枢、各类实战应用系统为延伸的全域全息智能交管体系，推动道路交通安全管理工作向事前预防转型升级。在此基础上，全省道路交通事故伤亡人数和较大交通事故数五年减少近一半，连续三年重特大事故"零发生"，有效实现了事故防控效果、交通管理效能、道路通行效率"三提升"和群众获得感、安全感、满意度"三增强"③。

2023年3月28日，全国公安交通管理工作电视电话会议召开。会议强调，要紧紧围绕贯彻落实党的二十大精神、推进交通管理工作现代化这一主题主线，努力以新安全格局保障新发展格局，以高水平安全保障高质量发展。

① 王若冰，王志波. 济南交警20年："小石头"大情怀：管理交通 文化先行 [J]. 人民公安，2015 (22)：6-9.
② 林珊，马晓伟. 山东：从严管党治警 推动交管工作现代化 [N]. 人民公安报，2023-09-26 (5).
③ 湖南交警. 湖南：推动公安交管工作现代化 [J]. 道路交通管理，2023 (5)：15-17.

推进交通管理工作现代化，是公安交通管理工作助力中国式现代化的应有之义，是当前和今后一个时期全国公安交管部门开展工作的基本遵循。应大力进行宣传劝导，创新管理实践，加强交通安全文化建设，着力构建以安全意识、法治意识、规则意识为核心要义，以自律、包容、礼让、文明为价值准则的现代文明交通理念。

第三节　推动交通安全文明素养教育

交通文化传播在宣传文明交通新风尚，提升全民交通法治意识、安全意识和文明意识方面具有重要作用。多年来，在全社会的共同努力下，"安全文明出行"已逐渐成为全社会的共识。

一、交通安全教育

交通安全是交通文化的重要内容。随着交通机动化快速发展，营运汽车、机车、轮船、飞机及从业人员数量增加，对交通运输安全提出了更高要求；全球气候变暖、极端恶劣天气增多，由此引发重特大自然灾害，对交通基础设施及运输安全构成威胁，也对交通运输安全保障提出了更高要求。因此，必须更加重视交通安全问题，着力加强交通安全文化建设①。

相较于交通硬件建设的快速发展，人们的交通安全意识和文明观念明显滞后。复杂的交通系统由人、车、路、管等因素构成，人是关键因素。缺乏科学文明的交通文化，是整个交通系统不稳定、不协调的根源。大多数交通事故都是因为人缺乏交通规则意识造成的。世界卫生组织在 2018 年12 月发布的《2018 年全球道路安全状况报告》显示，全球每年约 135 万人死于道路交通事故，每 24 秒就有人因交通事故丧命，还有 2 000 万至5 000 万人受到非致命伤害。我国 2017—2019 年交通事故年平均发生数

---

① 庞跃辉，王成平，魏巍. 交通文化融合发展系统研究 [J]. 长安大学学报（社会科学版），2018（3）：19-26.

23. 19 万次，年均死亡人数 63 243 人次①。究其原因，主要是人们自觉遵守交通规则的意识太差。

日本十分重视城市交通安全的教育和宣传工作。小学在学生入学的第一天就会请警察进行交通安全教育，给每一位小朋友发放黄色安全帽和配有夜光发射功能的书包套子，对小学生上学路上的交通安全起到了积极的作用。另外，日本中小学每年年初都要举行书法大赛，包括全国规模的书法大赛，多数题目内容是与交通安全有关的，通过这种方式对中小学学生进行交通安全教育。不少地方还组织交通安全短歌比赛，将优秀作品发表在报上进行宣传，增强人们的交通安全意识。

在日本，人们对交通规则的遵守及对交通文化的尊重是有口皆碑的。机动车教习所的教师在介绍汽车时必定指出，汽车除了是交通工具外，也具有一定的危险性，每年死于交通事故的人数远远超过了其他非正常死亡的人数，以此来提醒人们注意交通安全。日本交通规则重视人性化管理，汽车在公路交通中是占绝对优势的，因此，在行驶中必须让行其他比汽车慢的交通工具；而人在交通中的权利是最优先的，即使在没有信号灯的路面，汽车遇到行人通行时必须停车，让人首先通行。这种交通秩序的理念应当归功于日本交通文化教育②。

我国已步入汽车时代，现在全国各地广播电视媒体纷纷开设了交通频道或交通（汽车）板块节目，但部分节目传播的交通文化主要是车文化，在无形中助长了人们交通行为的随意性和不确定性，导致交通违规现象屡屡发生。交通安全意识差，超速、抢道、挤占等违规行为时有发生。不管是何种情况，违规就像赌博，而赌注则是自己和他人的生命财产，可能会直接导致个人利益和社会效益受到严重损害。只有法律法规约束与公共道德建设并举，构建起科学文明的交通文化，才能真正形成良好的交通环境。就交通安全而言，构建科学文明的交通文化才是个人利益、社会利益

---

① 陈龙飞. 我国每年约6.3万人因车祸去世 [N]. 健康时报，2021-02-19 (15).
② 俞慰刚. 日本城市交通文化的现实启示 [J]. 上海城市管理职业技术学院学报，2008 (1)：57-60.

的真正保障体系。科学、文明的交通文化的主要内涵应是遵守交通法规，规范操作，科学运行，文明驾驶，礼让行车，社会效益优先。因此，大力倡导构建科学文明的交通文化、广泛开展交通安全宣传教育是广播电视等大众媒体义不容辞的责任。

2011年2月25日，《中华人民共和国刑法修正案（八）》由十一届全国人大常委会第十九次会议审议通过，其中增设了危险驾驶罪，"醉驾"从日常思维习惯中的一般性违法上升为犯罪行为。同年5月1日，《中华人民共和国刑法修正案（八）》和修改后的《中华人民共和国道路交通安全法》实施，为依法打击和有效治理酒驾醉驾提供了重要的法律制度保障。

2012年11月，国务院批复同意将每年12月2日设立为"全国交通安全日"。"全国交通安全日"的主题从"遵守交通信号""摒弃交通陋习"，到"抵制七类违法""拒绝危险驾驶"，从"遵法守规明礼""守规则除隐患"，再到"守法规知礼让"，从"文明守法 平安回家"到"文明交通 你我同行"，都离不开"安全文明"的内涵，旨在提升交通参与者的遵法守法意识，呼吁公众严格遵守交通安全法律法规。"全国交通安全日"也逐渐成为凝聚全社会交通安全、法治、文明理念的文化品牌。

2022年，公安部组织指导各地公安交管部门开展农村地区交通安全大宣传大警示大教育集中行动，累计开展"美丽乡村行"巡回宣讲活动4.7万余场，完善更新农村地区"一栏一标语"9.7万处。联合教育部门在全国中小学生安全教育日、"六一"儿童节、秋季开学季等节点组织开展儿童交通安全主题宣传活动，会同教育部、中央广播电视总台、国家体育总局等单位共同指导开办"知危险、会避险"2022交通安全体验课、秋季开学课，会同中央政法委组织开展全国交通安全大篷车2022"童"行美丽乡村巡回宣传活动，线上线下覆盖超7 000万人次。联合多部门共同部署开展第11个"全国交通安全日"主题活动，在全社会营造文明守法平安回家、共建交通安全的浓厚氛围①。

① 佚名. 推进交通文化建设 提升驾驶人安全文明素养 [J]. 汽车与安全, 2023（4）: 22-23.

2023 年 3 月，湖北交警认真谋划、积极行动，扎实开展宣传教育活动，深入农村、社区、企业、校园、商场等地开展常态化安全宣传活动，进一步强化全民交通安全意识，从源头上预防和减少道路交通事故的发生，切实保障道路交通安全畅通有序①。这些举措为我国交通安全教育做出了巨大贡献。

二、交通文明教育

交通文化传播在推动交通安全教育的同时，还推动着交通文明教育的开展。在汽车社会，常见的六大文明交通行为是：机动车礼让斑马线、机动车按序排队通行、机动车有序停放、文明使用车灯、行人/非机动车各行其道、行人/非机动车过街遵守信号；而常见的六大交通陋习为：机动车随意变更车道、占用应急车道、开车打手机、不系安全带、驾乘摩托车不戴头盔、行人过街跨越隔离设施。培训教育、媒体监督与宣传引导、开展主题实践活动等多种方式，能够切实增强公民文明交通意识，纠正各类违反交通法规的现象，营造良好的道路交通环境，进一步提升公民文化素质和社会文明程度。

日本在交通文明礼仪方面的教育宣传取得了很大的成效，很多做法值得我们参考借鉴。例如，汽车在行驶过程中遇到特种车辆鸣笛时必须减速靠边，让出快行车道，否则将作为违反交通规则处理，而在路考中一旦发现不让车道的情况则将增加教习时间。公共汽车驾驶员在与同行相遇时要与对方招手行礼致意，驾驶员穿有统一制服，配有佩带式话筒。公交车辆除了电子报站以外，驾驶员还要在到站时通知乘客站名，此外还要通报车辆启动、等待红灯等情况，体现了公司的形象、严格的规程、周到的服务和团队精神。另外，日本的汽车很少鸣笛，一般只有在对礼让车辆表示谢意或在有障碍物的拐角处提示逆向车辆时才使用喇叭。这些规则在路考时不注意遵守的话就会被判为不及格。日本通过这种强制性的手段和长期的

---

① 佚名. 湖北常态化开展交通安全宣传助力交通文化建设 [J]. 汽车与安全，2023（4）：28-29.

感化式教育，让这种规则深入人心，成为一种自然的社会交通文化①。

我国在交通文明宣传教育方面已有一些初步成果，特别是交通报、交通广播、交通类电视节目，以及交通类短视频广泛、长期的宣传报道，对于推动交通文明建设发挥了重要作用。2010 年，中央文明办、公安部部署开展了"文明交通行动计划"，运用道德、法治、科技、舆论和社会的力量，对公务车辆违法行为进行媒体曝光并抄告同级监察部门，开展"交通违法随手拍""典型案例大曝光"，建立守信联合激励和失信联合惩戒机制，对交通失信行为人实施相应惩戒。2015 年，公安部交通管理局联合中央电视台等媒体，在全社会发起共同书写"中国好司机文明公约"。380 万余名网友参与"好司机"承诺，共同书写了"中国好司机文明公约"。应进一步发挥大众传媒的重要作用，从以下四个方面进一步推动交通文明宣传教育：

（一）广泛、持续开展交通文明宣传，引导公众交通认知和交通行为

要树立交通文化建设治国兴邦的理念，在政府相关部门的统一组织领导下，各级各类媒体携手开展全民性交通文化宣传教育活动。交通文化建设不是短期的活动，而是一项与交通建设和现实生活紧密相连的常态性社会事业，因此这种宣传教育活动应当长期持续开展。可打造专门的交通文化建设平台，弘扬倡导自律、包容、礼让、文明的交通理念，引导公众树立文明交通的荣辱观，自觉履行道路交通安全法定义务和应尽责任。要从思想认识、伦理观念、道德品质等人文素质教育入手，将文明和谐交通作为价值目标，引导和规范公众的交通行为，在全社会形成遵纪守法、文明交通的道德规范和良好风尚。把交通文明建设上升到社会精神文明和文化建设层面，营造与时代相适应的交通文化氛围，增强全民的交通文化意识，推动全民交通道德建设，树立文明交通人人有责的社会共识。

（二）进行典型宣传报道，弘扬新时代交通精神

交通行业各个系统、各个领域、各个单位可定期或不定期推出一批先

---

① 俞慰刚. 日本城市交通文化的现实启示［J］. 上海城市管理职业技术学院学报，2008（1）：57-60.

进典型，大众媒体应广泛宣传这些优秀个人和模范单位，把他们请进演播室，或到他们的工作岗位上进行现场采访，让人们坚信，提高公民个人素质、自觉遵守社会规则，是社会进步的需要，是完全可以做到的。要通过大众媒体广泛呼吁，在社会生活中树立起文明交通的群体形象。还可借助公众人物的社会影响力，请德艺双馨的公众人物担任交通文化形象大使，弘扬新时代交通精神，引导全民交通文化建设的良性发展。

（三）开展舆论监督，惩恶扬善，促使公众遵从交通文明规范

大众传播媒体应充分发挥自己的特点和优势，对涉及交通文明的组织、人员实行舆论监督，对不文明的交通行为及违法犯罪行为进行制约和限制，使其符合交通文明规范并保护公众的共同利益。例如，媒体机构可与执法机关一道充分曝光那些交通出行过程中不文明的人和事，加大对公路飙车、酒驾醉驾、闯红灯等恶性违法犯罪行为的打击力度，树立交通法制权威。针对一般性的交通文明缺失行为，大众媒体可组织受众、用户开展讨论，旗帜鲜明地谴责批评交通文明缺失的陋习，肯定和表扬自觉遵纪守法、文明出行的公民。要从传统文化中汲取道德营养，让受众、用户在交流中提高公德意识，树立遵纪守法为荣、违法乱纪为耻的荣辱观，为交通文明建设奠定道德基础。

（四）深入基层，倾听呼声，做好文明交通宣传

基层是社会的缩影，是交通文化传播和交通文明建设的前沿阵地。贴近实际、贴近生活、贴近群众（"三贴近"）也是我们宣传思想工作的一条重要指导原则。政府相关部门、宣传人员、大众传播媒体可通过深入驾校、交通运输单位、汽修服务行业、汽车俱乐部、车友会等基层部门和社会团体，与广大司乘人员交朋友，倾听他们的声音，帮助他们正确认识个人行为与家庭的关系、个人行为与社会责任的关系，树立生命至上的责任意识，文明行车，安全驾驶，做与人方便和与己方便、文明交通和谐交通的参与者。

第七章 交通文化传播与交通文化遗产保护及开发

交通文化是人类共同的遗产。马克思、恩格斯在《德意志意识形态》一书中写道："人类之历史，始终是不得不和产业史与交通史关联着，而被研究、被整理。"从历史看，交通运输是兴国之要、强国之基；从现实看，交通发挥着基础性、先导性、战略性、服务性作用。交通文化遗产具有重要的研究价值和现实价值。时间的推移、自然风化、快速城镇化或人为破坏，这些让不可再生的交通文化遗产面临着比以往更大的威胁。因此，加强交通文化遗产的梳理、保护和开发利用，就成为必须重视的课题。

2019 年 9 月，中共中央、国务院印发了《交通强国建设纲要》，要求培育交通文明，推进优秀交通文化传承创新，加强重要交通遗迹遗存、现代交通重大工程的保护利用和精神挖掘，讲好中国交通故事。这为交通文化遗产保护开发提供了很好的政策支持。

第一节 交通文化遗产构成

文化是一种理念，是意识形态的东西，但它也受有形东西的影响，需要一些载体来传承发展，交通的遗存遗迹就是一种载体。中国历史悠久，留存下来的交通遗存遗迹非常多，近现代建成的众多世界级工程也有非常高的文化价值。哪些属于应该保护的交通文化遗产，哪些属于可以开发的交通文化遗产，如何保护和开发这些遗产，是我们需要重点解决的问题，这就要求我们首先要对交通文化遗产进行准确界定和梳理。

文化遗产是前人创造并留存下来的具有历史、艺术或科学价值的遗物、遗迹和文化表现形式。从存在形态划分，文化遗产主要有两类：物质文化遗产（有形文化遗产）和非物质文化遗产（无形文化遗产）。根据《国务院关于加强文化遗产保护的通知》（国发〔2005〕42号），物质文化遗产是具有历史、艺术和科学价值的文物，包括古遗址、古墓葬、古建筑、石窟寺、石刻、壁画、近现代重要史迹及代表性建筑等不可移动文物，历史上各时代的重要实物、艺术品、文献、手稿、图书资料等可移动文物，以及在建筑式样、分布均匀或与环境景色结合方面具有突出普遍价值的历史文化名城（街区、村镇）。非物质文化遗产是指各种以非物质形态存在的与群众生活密切相关、世代相承的传统文化表现形式，包括传统表演艺术、民俗活动与礼仪、有关自然界和宇宙的民间传统知识和实践、传统手工艺技能等，以及与上述传统文化表现形式相关的文化空间。

根据文化遗产的基本含义，笔者将交通文化遗产定义为前人创造并留存下来的与交通及其相关活动有关的一切遗物、遗迹和文化表现形式，主要包括两类：一是前人遗留下来的运载工具、通路设施及其技术；二是前人遗留下来的交通运输行为及其规范、习俗、精神、诗词歌赋、故事传说等。其中，运载工具和通路设施属于物质类交通文化遗产，交通技术、交通运输行为及其规范、习俗、精神、诗词歌赋、故事传说等属于非物质类交通文化遗产。由交通催生的文化线路、文化景观等也属于交通文化遗产的范畴。文化线路、交通遗迹遗存是交通文化遗产的突出代表。

一、文化线路

文化线路（cultural routes）是20世纪90年代以来国际上提出的有关世界文化遗产保护的新理念。1993年，圣地亚哥-德-孔波斯特拉（Satiago de Compostela）朝圣线路的西班牙部分被联合国教科文组织确定为世界遗产，1994年西班牙组织了此线路的国际研讨会，并邀请到了联合国教科文组织和国际古迹遗址理事会的专家。在这次研讨会上，专家们正式提出了"文化线路"的概念。

文化线路作为一种文化遗产类型，在 1994 年以后越来越受到世界各国的重视，随之也出现了关于文化线路各类主题的学术探讨，如"线路：作为文化遗产的一部分""文化线路的方法、定义和实施""全球范围的无形遗产和文化线路""概念和实质上独立的文化线路与文化景观"等。

2008 年 10 月 4 日，国际古迹遗址理事会（ICOMOS）第十六届大会在加拿大古城魁北克通过了《关于文化线路的国际古迹遗址理事会宪章》，将文化线路作为一种新的文化遗产类型写入国际文件。

《关于文化线路的国际古迹遗址理事会宪章》对文化线路进行了定义。无论是陆地上、海上或其他形式的交流线路，只要是有明确界限，有自己独特的动态和历史功能，服务的目标特殊、确定，并且满足以下条件的线路均可被称为文化线路。

（1）必须来自并反映人类的互动，与跨越较长历史时期的民族、国家、地区或大陆间的多维、持续、互惠的货物、思想、知识和价值观的交流。

（2）必须在时空上促进涉及的所有文化间的交流互惠，并反映在其物质和非物质遗产中。

（3）必须将相关联的历史关系与文化遗产有机融入一个动态系统中。

文化线路必须具备必要的物质要素作为文化遗产的见证并为其存在提供实体证明。所有非物质要素也给予构成整体的各元素以支持和意义。第一，决定一条文化线路存在的必不可少的物质元素首先是道路本身，它或作为工具服务于一个主观设计行动，或产生于实现特定目标的人类活动过程中。第二，其他基本要素是与其历史线路功能相关的物质遗产，包括补给站、边境哨所、仓库、休息和寄宿地、医院、市场、码头、要塞、桥梁、交通工具、工业矿业设施，以及反映不同时代科技和社会进步的其他生产和贸易设施、历史城镇、文化景观、宗教圣地、礼拜和祈祷场所等，同时还包括见证了沿线涉及民族间交流和对话过程的非物质遗产。

根据《关于文化线路的国际古迹遗址理事会宪章》的定义，我们可以将文化线路理解为有明确地理界限的陆路、水路或其他任何形式的交通线路，这些交通线路为实现既定目标而拥有动态的特定历史功能，其形成源于人类的迁徙和与之相伴的民族、国家、地区或洲际商品、思想、知识和价值观等多维度的持续交流，在特定的时空范围内促进了相关文化的相互滋养并通过物质和非物质文化遗产得以体现。文化线路是把相关的历史联系和文化遗产整合为统一的动态系统。文化线路的内涵拓展和创新了传统遗产保护范畴和理念，为遗产保护，特别是大尺度、跨时空、综合性、动态性的线性文化遗产提供了跨区域协同保护的新思路。

文化线路出现的时间虽然不长，但在较短的时间里，各国学者就提出了大量的遗产路线。作为世界文明古国，中国拥有大量历史悠久且规模巨大的文化线路，丝绸之路、大运河、蜀道、茶马古道、川盐古道、武当神道、万里茶道等就是其中的典型代表。中国文化线路主要有以下三个特点：

第一，中国文化线路具有历史悠久、规模巨大的特点。诸如丝绸之路、大运河等文化线路，在祖国大地上呈现出气势磅礴的布局。驼铃叮当、羌笛悠扬的丝绸之路在公元前 2 世纪至公元 16 世纪期间是古代东西方文明与文化的融合、交流和对话之路，其交通交流规模跨越了亚欧大陆，是人类历史上规模最大的文化线路。河西走廊是甘肃辖区内一条沿着祁连山脉、长约 1 000 千米的狭长通道，也是古丝绸之路的必经之地，被称为丝绸之路的“黄金段”。河西走廊历史悠久，文化底蕴深厚，从张骞出使西域到金戈铁马的征途，从商旅延绵的古道到中西文化交融的通道，这是一段通往文明的道路，也是一段恢宏壮阔的历史。大运河始建于春秋时期的邗沟，从开凿到现在已有 2 500 多年的历史，由京杭大运河、隋唐大运河和浙东运河三部分组成，全长近 3 200 千米，是沟通长江、淮河、黄河三大水系的交通线路，是世界上开凿时间最早、流经距离最长、延续使用时间最久、规模最大的人工运河，体现了古代水利工程的最高成就。

第二，中国文化线路具有资源丰富、种类多样的特点。其所涵盖的类型众多，所反映的人类活动形式丰富多彩，既有各自地域的特点，也有相互交流和交融的历史积淀，构成多种文明荟萃、不同文化融合、各种宗教并存的一条条历史文化长廊。其内容可分为交通要道（如蜀道）、水利工程（如大运河）、贸易通道（如丝绸之路、茶马古道、川盐古道、万里茶道）、宗教文化（如武当神道）等不同主题。

第三，中国文化线路具有功能持久、生命力强的特点。例如，大运河是我国线路文化遗产的重要组成部分，其客观存在是人类社会进步、经济发展、文化交流的重要体现。千百年来，大运河一直是我国重要的南北水上运输通道，从历史上的"南粮北运""盐运"通道到现在的"北煤南运"干线及防洪灌溉干流，其功能也在经历着变迁。这条古老的运河在我国的经济社会发展中发挥了巨大的作用，它不仅是一条河，更是一个涉及交通、运输、水利、地理、历史、生态等诸多方面的文化廊道。可以说，大运河是"活着的、流动着的文化遗产"。再如，我国境内的丝绸之路是长期以来在国内交通路线上形成的，由于外国商人经常沿着这一路线往来，丝绸之路逐渐成为国际性的旅行路线。当时，通过丝绸古道传播的并不仅有作为文化载体的商品，还有政治制度、科学技术、文学艺术、音乐舞蹈、宗教信仰、语言文字、风俗习惯、书法绘画、医药医学等。可以说，丝绸之路是古代东西方之间经济、文化交流的重要桥梁，把古代的中华文化、印度文化、波斯文化、阿拉伯文化和古希腊文化、古罗马文化连接起来，在促进东西方文明之间的交流方面发挥了极其重要的作用。

文化线路如同一条珍珠项链，把散落的交通遗迹遗存串联起来。在我国西南地区，从过去的茶马古道到近代的成昆铁路，再到现在的成昆高速公路、成昆高速铁路，有历史的变迁，有人文的变化，有经济的发展，见证了国家的复兴、人民的富强，形成一个文化线路带。

在新时代背景下，共建"一带一路"倡议旨在促进经济要素有序自由流动、资源高效配置和市场深度融合，推动沿线各国实现经济政策协调，开展更大范围、更高水平、更深层次的区域合作，共同打造开放、包容、均衡、普惠的区域经济合作架构。共建"一带一路"倡议符合国际社会的根本利益，彰显了人类社会共同理想和美好追求，是国际合作及全球治理新模式的积极探索，将为世界和平发展增添新的正能量。"一带一路"国际合作发展需要更深层次、更多元化的文化支撑。开展交通遗产与文化线路研究，有利于从文化基础建设层面挖掘各国更深层次的文化渊源，建立更多元的文化联系。

二、交通遗迹遗存

中华文明是世界古代文明中唯一没有中断而发展至今的伟大文明。在这条不曾间断的历史长河中，中华民族在生产、贸易、迁徙、战争过程中产生了大量的交通遗迹遗存。从最古老的水上交通工具——浙江萧山跨湖桥遗址独木舟，到秦汉大一统国家交通运输体系的形成，从沟通了长江、淮河、黄河三大水系的中国大运河，到开疆拓土、天下纵横的官马大道，还包括其他古道路、古桥梁、古驿站、古关隘、古路碑亭、古津渡、古车船等遗址、遗迹，以及诗词歌赋、故事传说、碑记、楹联、船工号子、成规公约等。近代以来的滇越铁路、红军长征遗迹遗存，1949年以后修建的成昆铁路、川藏公路、独库公路、南京长江大桥……这些遗迹遗存都是宝贵的交通文化遗产。

我国湖南辖区内就拥有十分丰富和珍贵的交通遗迹遗存。据2009年启动的湖南交通文化遗存普查统计，全省存有古道111条（其中古驿道46条），古栈道1条，古纤道10条，古渡口310座，古水运码头20座，古碑61座（含古桥和古亭中有记录的碑），古亭722座，清代以前建造的古桥梁5 780座①。

在文化遗产中有一项特殊门类——工业遗产。工业遗产伴随着人类工业文明的发展而产生，因此，工业文明的意义决定了工业遗产的价值，它们与古代遗产同属于具有历史、科学、社会等价值的遗迹和遗物。2003年，联合国教科文组织对工业遗产的界定是：工业遗产不仅包括磨坊和工厂，而且包含由新技术带来的社会效益与工程意义上的成就，如工业市镇、运河、铁路、桥梁，以及运输和动力工程的其他物质载体。工业遗产从其存在形态上可分为可移动、不可移动、非物质三类。可移动工业遗产包括机器设备、工具用具、仪器仪表、工业制品等工业遗存；不可移动工

---

① 蒋响元. 湖南交通文化遗产［M］. 北京：人民交通出版社，2012：13.

业遗产包括工厂（厂房、仓库等建筑）、矿山（矿井、巷道）、交通设施（铁路、运河、港口、码头、船坞）等遗址或遗址群；非物质工业遗产包括工艺技术、口传心授的技法、档案文献中记载的设计方案、施工措施、管理方式等内容。可见，工业遗产包含了部分交通运输业遗产。

第二节　交通文化遗产保护

交通文化遗产是文化遗产不可或缺的重要组成部分，是前人交通活动留给我们的宝贵财富。加强交通文化遗产保护具有重要的理论价值和实践意义，应进一步加强交通文化遗产保护，健全和发展具有中国特色的文化脉络。

一、交通文化遗产保护的意义

交通文化遗产是历史留给我们的宝贵财富。《国务院关于加强文化遗产保护的通知》指出："我国文化遗产蕴含着中华民族特有的精神价值、思维方式、想象力，体现着中华民族的生命力和创造力，是各民族智慧的结晶，也是全人类文明的瑰宝。保护文化遗产，保持民族文化的传承，是连接民族情感纽带、增进民族团结和维护国家统一及社会稳定的重要文化基础，也是维护世界文化多样性和创造性，促进人类共同发展的前提。"

加强交通文化遗产保护具有多方面的意义。

首先，有利于维护交通文化的多样性，延续交通文化创造的生命力。交通文化遗产是一定的人群或共同体在特定时期、特定环境下的文化创造。不同地域有着不同的文化创造，不同民族有着不同的文化创造。加强对这些交通文化遗产的保护就是保护优秀的文化创造，能使人们更好地认识前人的交通文化，理解今天的交通文化，并激发出更多的灵感和想象力，延续交通文化的生命力，创造出更加多元、精彩的交通文化，从而促进社会的发展进步。

其次，有利于科学研究。交通文化遗产是反映前人智慧的符号，是我们了解过去交通建设、贸易往来、人员流动、文化交流，甚至经济社会发展的窗口，是交通史上的"活化石""活文献"。我们有必要对历史上的交通方式和交通模式进行全面、深入、系统的研究和梳理，对不同文化区的交通文化遗产进行对比和研究，探寻其发展的脉络和源流，审视其在人类社会发展中的作用，促进人类学、民俗学、社会学和交通社会学等学科的发展。

再次，有利于促进旅游业的发展。文化遗产是民族的，同时也是世界的。我国的文化遗产众多，近些年我国在文化遗产保护工作上也取得了很好的成绩。截至 2023 年年底，我国共有 57 项文化遗产与自然遗产进入联合国教科文组织的名录保护体系，其中文化遗产 39 项，自然遗产 14 项，文化和自然混合遗产 4 项[①]。在保护这些文化遗产的同时，也要积极向世界展示我国的文化遗产，让世界了解中国，文化遗产展示正是向世界宣传中国文化的重要途径。文化遗产同时也是旅游业的重要资源。丝绸之路、茶马古道、长江三峡、蜀道、京杭大运河、雁门关、梅关古道、红旗渠等本身就是著名的旅游景区，保护这些交通文化遗产，有利于吸引更多的游客，促进文化旅游业的发展。

最后，有利于进行爱国主义教育。我国历史悠久，从古至今文明延续的进程没有中断，先辈创造的交通文化遗产极其丰富。对这些文化遗产的保护和展示，有利于在新时代增强民族的自豪感和自信心，有利于对青少年进行爱国主义教育。被称为抗日生命线、为世界反法西斯战争做出重大贡献的滇湎公路、史迪威公路等，是抗日战争的历史见证，对铭记历史、面向未来、建设现代化强国有着重要的教育意义。这些遗迹遗存所具有的直观、形象、真实可信的特点，决定了它在对广大人民群众和青少年进行中国历史和国情教育方面，在培养社会主义新人方面，有着无可替代的作用。

交通文化遗产是不可再生的珍贵资源。随着经济全球化趋势和现代化进程的加快，我国的文化生态正在发生巨大变化，文化遗产及其生存环境

---

① 详见 https://www.wochmoc.org.cn/channels/20.html.

受到严重威胁，不少交通文化遗迹遗存遭到破坏。因此，加强交通文化遗产保护刻不容缓。我们要从对国家和历史负责的高度，从维护国家文化安全的高度，充分认识到保护交通文化遗产的重要性，进一步增强责任感和紧迫感，切实做好交通文化遗产保护工作，充分发挥交通文化遗产在传承中华文化、提高人民群众文化素质、增强民族凝聚力、促进社会主义先进文化建设中的重要作用。

二、交通文化遗产保护的路径

文化遗产保护涉及田野考古、博物馆、文物古迹保护和非物质文化遗产保护等方面[①]。我国对文化遗产的保护，经历了长时期的实践探索。在不断尝试和努力下，积累经验，循序渐进，逐步形成了具有中国特色的文化遗产保护之路。2005 年 12 月，国务院发布了《加强文化遗产保护的通知》（国发〔2005〕42 号），这是继《中华人民共和国文物保护法》之后，对文化遗产保护工作的又一权威文件，对推动我国的文化遗产保护工作具有重大意义。交通文化遗产的保护主要包括建设交通文化场馆线路和申遗保护两个方面。

（一）建设交通文化场馆线路

文博馆是保护和传承人类文明的殿堂，连接着过去、现在与未来，璀璨的文明在一件件文物中浓缩成厚重的底蕴，方寸之间，一览千年。全国交通运输文博馆，作为交通文化传承与交流的重要载体，渲染着行业的文化底色[②]。建设各类交通文化大遗址、博物馆、纪念馆、档案馆、展览馆、保护区等场馆，可以为交通文化遗产的收藏、保护、展示、研究提供场所和途径，有利于保存文化遗迹遗存，传承历史、传播文化、拓展视野、启迪智慧，有利于强化集体记忆，开展精神文明建设和爱国主义教育，增强国家软实力。

日本为了普及交通知识并保护交通文化遗产，开设了很多交通博物

---

① 于海广，王巨山. 中国文化遗产保护概论［M］. 济南：山东大学出版社，2008：12.
② 王晓萌，温晓俊. 聆听交通文化的历史回响：首届全国交通运输优秀文博馆推选展示活动决赛侧记［N］. 中国交通报，2023-02-21（1）.

馆，如青梅铁道博物馆、交通科学博物馆及梅小路蒸汽机车馆等。其中，梅小路蒸汽机车馆是为了纪念日本铁路开业 100 周年于 1972 年开设的一个专业博物馆，1987 年日本国有铁路民营化改革后由西日本铁路公司经营管理。梅小路曾经是蒸汽机车的基地，有一个扇形的机车车库和一座典型的日本式建筑风格的旧二条站舍，在这里保存并展示着作为交通文化遗产继承并流传至未来的蒸汽机车，其中有从大政年代到昭和年代的 16 种型号机车 18 辆，参观者可以观看这些机车运行的风采，并乘坐这些机车感受历史的韵味。

此外，日本还保留着早期的一些路面电车。一些学者认为，路面电车不仅是日常的交通工具，更是人们凭借交通文化怀念城市历史风貌的一个重要手段。至今，东京仍保留有早稻田线，大阪市保留有阪堺线。路面电车有点陈旧，速度也不快，人们将其视为感受城市文化的专线，赋予了其浓浓的人文色彩。一位作者在介绍路面电车时说，"虽然花些时间，但能充分地感受自然、感受街道及人与人的交流""没有售票机，也没有检票处。拿着钱，在下车时道声辛苦了，把钱递给驾驶员，驾驶员含笑站着说谢谢""被时间追赶着的每一天，是否需要偶尔讨回属于自己的时间呢？那就坐上路面电车出发吧。"[1]

中国作为世界上有五千多年文明连续发展的大国，交通遗产数量巨大、体系完整、历史悠久、内涵丰富，是交通运输网络促进国家经济发展、政治治理、民族融合、社会沟通、文化传播、生态保护、对外交流体系构建的文明见证和历史载体。

我国也建设了一些交通类博物馆、纪念馆。比如，中国铁道博物馆、上海中国航空博物馆、中国航海博物馆、上海汽车博物馆、中国自行车博物馆、青岛道路交通博物馆、中铁大桥局桥梁博物馆、厦门桥梁博物馆、嘉兴船文化博物馆、青海格尔木青藏公路纪念馆、四川成都的川藏公路博物馆、云南保山云南公路馆、甘肃公路博物馆、独库公路博物馆、宁夏交

---

① 俞慰刚. 日本城市交通文化的现实启示 [J]. 上海城市管理职业技术学院学报，2008 (1)：57-60.

通博物馆、泉州海外交通史博物馆，等等。这些博物馆、纪念馆不仅收藏了大量的交通文化遗物、照片、图书资料、音像资料，还留下了一些鲜活、感人的交通故事。例如，在国内首个国家级航海类博物馆——上海中国航海博物馆，2万余件曾经尘封、散落的藏品汇聚一堂，古老精致的各类船模、航海仪器、航海地图、海捞瓷折射出我国数千年的航海发展变迁史，更反映了中华民族与世界交往过程中的兴衰沉浮。在青藏公路纪念馆内，陈列着一件件反映筑路大军峥嵘岁月的珍贵文物：1 200把铁锹、1 200把洋镐和1 500斤炸药……1954年5月11日起，"青藏公路之父"——慕生忠带领1 200多名驼工、10名工兵，加上后期兰州工兵二团的1 000余名工兵，仅用7个月零4天的时间全线打通格尔木至拉萨1 200千米的雪域天路①，在"人类生命禁区"的"世界屋脊"创造了公路建设史上的奇迹。

我们要坚持做好我国历代交通遗产的调查、梳理、认定、研究、名录建设、保护和利用工作，在摸清家底的基础上，建立健全全国范围内的交通运输文化遗产体系，在国内国际上展现出我国交通文化历史成就和独特创造②。

应建设更多的交通文化场馆，除保存已有交通文化遗迹遗存之外，我们还可以在丰富史料的框架基础上，利用现代先进技术复原部分遗迹遗存的原貌，并对所有的遗迹遗存进行数字化记录和保存。

还应积极借鉴国际遗产保护理念和保护经验，对我国的交通文化遗产进行保护。例如，在开展绿色通道保护实践的基础上，根据文化遗产保护区域化的趋势，逐渐形成遗产廊道概念，将其作为拥有特殊文化资源集合的、具有动态特征的线性文化景观加以保护。我们要积极推动"国家交通遗产与文化线路"建设工程的开展，为交通强国建设提供更多文化自信、文化资源和灵感源泉。

① 西藏自治区公路交通史志编写委员会. 西藏公路交通史 [M]. 北京：人民交通出版社，1999：83-94.

② 祁娟. 贺云翱：交通文化遗产是强国建设的重要内涵 [J]. 交通建设与管理，2021（2）：4.

（二）申遗保护

申遗也是保护交通文化遗产的一种途径。成为国家级文化遗产、世界文化遗产，能够让交通文化遗产进入公众视野，从而受到更多的重视，得到更多的支持，实现更好的保护。

一方面，要积极申报世界文化遗产。我国在交通文化遗产申报方面取得了很大的成绩。2009 年，中国木拱桥传统营造技艺作为亟须保护的非物质文化遗产被列入联合国教科文组织非物质文化遗产名录；2010 年，中国水密隔舱福船制造技艺亟须保护的非物质文化遗产被列入联合国教科文组织非物质文化遗产名录；2014 年 6 月 22 日，中国"大运河"项目及由中国、哈萨克斯坦、吉尔吉斯斯坦三国联合申报的"丝绸之路"正式申遗成功；2020 年，送王船——有关人与海洋可持续联系的仪式及相关实践作为有关自然界和宇宙的知识和实践被列入联合国教科文组织非物质文化遗产名录。在世界遗产名录中有一类遗产近年来渐渐引起国际社会的普遍关注，这类遗产就是交通运输业工业遗产。在保护文化遗产全球化合作及文化遗产多元化保护的国际大背景下，在国际古迹遗址理事会（ICOMOS）和联合国教科文组织（UNESCO）的共同推动下，铁路遗产逐步在世界遗产名录中占有一席之地。我们要与国际社会一道，共同推动交通运输业工业遗产的保护，申报更多的交通文化类世界遗产，为交通文化的传承创新做出更大贡献。

另一方面，也要积极申报国家级文化遗产。目前，我国国家级交通文化遗产主要表现形态为工业遗产。2001 年 6 月，铁路不可移动文物的名字首次出现在国务院核定公布的第五批全国重点文物保护单位名录中，铁路文化遗产正式成为文化遗产的组成部分。如果以 1876 年吴淞铁路的建设作为中国铁路的肇始，中国铁路的发展历程已近 150 年。作为人类工业文明的象征，铁路的出现对社会的发展进步起到了积极的促进作用。铁路在其演进过程中产生并遗留了许多文化遗产，它们不仅见证了中国铁路建设与发展的沧桑与荣辱，还是可以永续利用的文化资源。正是由于铁路文化遗产所具有的意义和作用，国家对其越来越关注和重视，各级文物管理部门将其列入保护范畴。

2006 年 1 月，由联合国教科文组织亚太文化中心（ACCU）主办，主题为"回顾近现代工业遗产——铁路遗产的保护和利用"的国际研讨会在日本奈良举行，中国派代表出席会议并作了题为"中国铁路历史遗产的保护和利用"的主旨发言。这次会议达成的共识是：由于近现代工业遗产属于年代并不久远的文化遗产，与有着悠久历史的古代文化遗产相比，人们一般缺少对其价值和重要性的认识。如果不保护和利用这些近现代工业遗产，这些遗产将会迅速消失。因此，加强保护和利用近现代工业遗产，与保护更为古老的文化遗产同样重要。

2017 年 12 月，工业和信息化部公布第一批国家工业遗产名单，旅顺船坞列入其中。2018 年 11 月，第二批国家工业遗产名单公布，秦皇岛西港、山海关桥梁厂、第一拖拉机制造厂、黎阳航空发动机公司上榜。2019 年 12 月，第三批国家工业遗产名单发布，龙江森工桦南森林铁路上榜。2020 年 12 月，第四批国家工业遗产名单发布，北京电报大楼、大连造船厂修船南坞、大北电报局、运十飞机、中国航天 603 基地、福建船政、津浦铁路局济南机器厂、山东省邮电管理局旧址、粤汉铁路株洲总机厂、航空发动机高空模拟试验基地旧址、四川国际电台旧址、北京卫星制造厂入选。2021 年 11 月，工业和信息化部公布第五批国家工业遗产名单，上海船厂、湖州七○一三液体火箭发动机试车台上榜。

与此同时，中国科协创新战略研究院联合中国城市规划学会等单位也共同遴选发布了中国工业遗产保护名录。2018 年 1 月发布了第一批中国工业遗产保护名录，柯拜船坞、江南机器制造总局、福州船政、大沽船坞、旅顺船坞、唐山铁路遗址、中东铁路、胶济铁路、滇越铁路、京张铁路、南京下关火车渡口、宝成铁路、芭石铁路、滦河铁桥、郑州黄河铁路桥、天津金汤桥、上海外白渡桥、济南泺口黄河铁路大桥、钱塘江大桥、武汉长江大桥、南京长江大桥、东清铁路机车制造所、津浦铁路局济南机器厂、中国第一航空发动机厂、第一汽车制造厂、第一拖拉机制造厂、中国海军中央无线电台（491 电台）、国民政府中央广播电台、718 联合厂（华北无线电联合器材厂）等交通文化遗址遗存入选。2019 年 4 月发布了第二批中国工业遗产保护名录，董家渡船坞、上海船厂、大连造船厂、广南船坞、轮船招商局、青岛栈桥、秦皇岛港、大连港、广州太古仓码头、大连甘井子煤码头、东望洋灯塔、花鸟山灯塔、鹅銮鼻灯塔、老铁山灯塔、临高灯塔、横澜岛灯塔、硇洲灯塔、外滩信号台、兰州黄河铁桥、天津解放桥、海珠桥、关内外铁路（京奉铁路）、京汉铁路、粤汉铁路、正太铁路、陇秦豫海铁路、津浦铁路、广九铁路、大连都市交通株式会社、大清邮政津局、中央（杭州）飞机制造厂、中意飞机制造厂入选。2023年9月发布了第三批中国工业遗产保护名录，收录了成渝铁路、马兰基地、渤海船厂等100个具有重要开创性、引领性、标杆性的工业遗产，涉及交通运输、军事核工业、冶金矿产、能源化工、机械制造及加工、轻工业、航空航天、船舶制造、建筑等领域。

这些交通遗产是工业文化的重要载体，记录了我国交通发展不同阶段的重要信息，见证了国家和交通发展的历史进程，具有重要的历史价值、科技价值、社会文化价值和艺术价值。我们应高度重视这些遗产的保护利用工作，采取有效措施，加强对交通遗产项目的保护和管理。

我国在2018年、2022年分别举办了第一届、第二届铁路遗产学术研讨会，铁路遗产受到了国内学术界、相关行业、主流媒体和社会各界的广泛关注。2023年10月，第三届铁路遗产学术研讨会在北京交通大学举行，北京交通大学交通文化与遗产保护研究院在会上正式揭牌成立。

第三节　交通文化遗产开发

交通文化遗产是历史文化的重要组成部分，记载了历史上的人员流动、商品流通和信息流转，也承载了知识、思想、观念和文化的交流与相融。交通文化遗产开发是交通强国建设的重要内容，也是树立行业文化自信的重要工作。我们应在保护的前提下，通过多种途径开发交通文化遗产，传承弘扬交通精神，弘扬具有强大生命力和创造力的新时代交通文化。

一、交通文化遗产开发的意义

交通既是促进人类社会发展的动力，也是社会文化的重要内容。历史上以生产、交易、迁徙和军事等为目的的交通线路，最终都发展成为人类文明繁衍、传播、碰撞、融合的文化长河。可以说，文明是交通的产物，交通承载着文化，交通、文化、文明融为一体。交通文化遗产开发，具有重要的社会意义。

第一，传承弘扬传统交通文化，培育塑造新时代交通文化。在建设交通强国、文化强国的过程中，不能割裂过去、凭空跃进。对交通文化遗产进行研究、保护和开发，能够唤醒历史记忆，让交通文化遗产大放异彩，有利于提高当代交通人及整个社会对交通文化的认知程度，理解交通文化存续的深层次意义，在吸收历史智慧、继承文化遗产中接续发展，为现代交通注入更多文化内涵。这种萌发于传统交通文化之上的"新"文化，才更具有根基、底蕴、特色和生命力。

第二，发展交通文化产业，带动经济社会全面发展。交通文化遗产开发能够让以往的交通文化"活"起来，产生当代价值，形成交通文化产业。交通文化产业是交通、文化与经济融合的产物，其本身就具有文化价值和经济价值，同时还是资源整合的绝佳平台，能够带动或促进旅游、传媒、商贸、信息、金融、娱乐、服饰、餐饮、住宿等相关产业的发展。因此，要在有效保护交通文化遗产基础上，探索利用发展新模式，推动交通文化产业发展。

第三，讲好中国交通故事，提升中国文化影响力。交通文化遗产是民族文化基因的载体。我国交通文化遗产积淀丰厚，是中华民族勤劳、勇敢、智慧的结晶，也是世界文化史上的不朽丰碑。从交通行业角度用好考古、历史及文化遗产研究成果，向全世界讲好中国交通故事，让中国交通走向世界，让世界了解中国交通，对提升中国文化影响力具有重要意义。

交通对推动社会文明发展的基础性作用及其系统性和开放性特征，决定了交通遗产文化开发必将成为推动文化强国和交通强国建设的基础性文化工程。我国推动交通强国建设为交通运输遗产这一有待开拓的新领域带来了宝贵机遇。推动交通运输遗产体系建设，能够为我国交通强国建设提供强大的精神文化支撑，还将对落实中央有关加强中华优秀传统文化的传承发展、保护利用，对构建有中国特色的交通运输文化遗产体系及发展交旅融合事业等都具有重要价值①。

国民之魂，文以化之；国家之神，文以铸之。党的十八大报告提出"提高国家文化软实力，发挥文化引领风尚、教育人民、服务社会、推动发展的作用"。习近平总书记多次强调要提高文化软实力，要努力展示中华文化独特魅力，要系统梳理传统文化资源，让收藏在禁宫里的文物、陈列在广阔大地上的遗产、书写在古籍里的文字都活起来。这为新时代加强文化建设指明了方向和路径。

二、交通文化遗产开发的路径

交通文化遗产开发是一个复杂的系统工程，涉及众多部门，取得了很多成绩，但也存在很多问题。交通遗产与文化线路研究中心首席研究员、交通运输部科学研究院综合运输研究中心李磊博士提出了"国家交通遗产与文化线路"建设工程的概念与思路，认为该建设工程的实施从国家或国际等层面上都将产生非常大的社会效益②。交通文化遗产开发的基本思路是使交通文化遗产与其他产业相加相融，在积极保护和合理开发之下，实现交通文化遗产的当代价值，带动区域经济社会的发展。

（一）挖掘历史资源和典型案例，利用媒体讲好中国交通故事

交通文化遗产具有重要的历史、科学和艺术价值，但目前对于交通文化遗产的关注和了解主要集中在行业内少数人士，广大人民群众对于交通文化遗产的了解仍然十分有限。因此，要深度挖掘历史资源和典型案例，特别是古代交通文化遗产资源所蕴藏的历史故事、人类智慧、人文精神等精神食粮，关注它们与文化交流、商贸往来、人口迁徙、军事战争、宗教

---

① 汪珧．张文奇：在中国交通文化研究中提升文化自信［J］．交通建设与管理，2021（2）：50-53．

② 娟子．唤醒历史记忆，让交通文化遗产重放异彩［J］．交通建设与管理，2021（2）：24-27．

传播等多方面的关系，把这些作为大众传媒宣传报道的重要内容，通过交通文化遗产的传播提升民众文化素养，讲好交通故事，培育和弘扬交通文化，增强民众的文化自信和民族自豪感。

交通精神是交通文化遗产传播的核心。交通精神是以爱国主义为核心的民族精神和以改革创新为核心的时代精神在交通行业的具体体现。要立足于交通的历史文化，挖掘交通的文化资源和独特个性，并在其中注入开放、包容、创新的时代元素，这是讲好中国交通故事的基本要求，也是反映和体现社会主义先进文化的基本要求。

提炼交通精神的方式多种多样。可结合交通行业的特点，从交通人的优良品德、典型经验的总结中挖掘整合，吸收其丰富的营养和文化精髓，提炼出既体现交通特色，又吻合时代特征的核心价值理念，成为激励交通人的精神动力，如"雷锋车"精神、"振超"精神。也可从交通发展的行业历史实践、历史资源、历史典故、历史人物、历史事件中，找到人文精神的要素，如公路发展史、汽车发展史、典型司机人物、售票模范、典型维修技师人物等。

此外，在推进交通文博工程建设的同时，要加强行业优秀传统文化的创造性传承和转化，将文化理念贯穿于工程建设全过程，深入挖掘、宣传现代交通运输重大工程蕴含的思想理念、人文精神，这些都是交通故事的丰厚营养①。

（二）交旅融合，开发交通文化遗产旅游价值

历史和文化是旅游开发的重要驱动因素，没有文化的旅游是"苍白无力"的。对于交通文化遗产的挖掘、研究最终还要落实在保护、管理和利用上。我们既不能让这些交通文化资源、历史资源沉睡地下不为人知，也不能让我们的后代只能在古诗文字中想象这些交通设施和古人智慧。因此，文物部门、旅游部门、交通部门应联合起来，在保护好现有遗址遗存的基础上，深入挖掘蕴含其中的智慧技巧、科技知识、历史背景、传说故

---

① 王宇．周伟：交通文化遗产是交通故事的肥沃土壤［J］．交通建设与管理，2021（2）：28-31.

事等。对一些完全损毁消失、但在历史上非常著名的古栈道、古驿站、古桥梁，可以在原址"建旧如旧"复建，重现旧物，打造一些古代交通设施特色景点，利用特色景点讲好古代交通故事①。

2017 年 3 月，交通运输部、国家旅游局、国家铁路局、中国民用航空局、中国铁路总公司、国家开发银行六部门联合印发了《关于促进交通运输与旅游融合发展的若干意见》，指出要挖掘交通文化旅游产品，加强对具有历史文化、精神价值等意义的铁路、公路交通遗产资源的保护开发研究，鼓励挖掘"丝绸之路""茶马古道""蜀道""京杭大运河"等具有重要历史文化价值的交通遗迹遗存，做好资源保护与开发，完善旅游线路与展示平台。

2019 年发布的《交通强国建设纲要》和 2021 年发布的《国家综合立体交通网规划纲要》，都强调要推进综合交通统筹融合发展，其中包括推进交通与相关产业融合发展，包含了推进交通与邮政快递、现代物流、旅游、装备制造等相关产业融合发展。因此，我们要在新经济体系发展建设中看待交通发展，不仅是修路架桥，还要与产业发展结合起来。

交通与旅游有着天然的紧密关系，交通与旅游的融合要求使交通本身成为旅游的客体。交通文化遗产既是文化资源，也是旅游资源，充分挖掘、保护和利用交通文化遗产资源是对交旅融合最好的诠释。现在一些重点交通工程，如北京大兴国际机场、港珠澳大桥、矮寨大桥等，都成为旅游打卡的热门景点。山东枣庄市、济宁市开发了铁道游击队红色旅游景区，其中，铁道游击队纪念园成为全国爱国主义教育示范基地。拥有百年历史的滇越铁路，随着共建"一带一路"倡议的推动，不仅在经贸领域继续发挥着作用，还在云南全域文旅融合大潮中焕发了新的活力。川藏公路及其沿线的红色文化、自然景观是重要的旅游资源，具有巨大的开发和传播价值。对于古道文化遗产，除外在的保护外，还可发扬古道承载的文化精神，定期组织各种"古道行"活动，鼓励当地人积极学习和发掘古道文

---

① 何吉成，王李轩，李小刚，等. 生态文明视角下陕西黄河流域古代交通文化遗产的保护与开发 [J]. 交通建设与管理，2022（4）：104-107.

化，并推荐最能展现遗产特征的观光路线，赋予古道更强的生命力，如重走丝绸之路文化旅游活动就很有意义。应不断探索开发"交通+旅游"的新业态、新模式，在交旅融合中走出一条创新之路、特色之路。

我国的交通文化遗产作为一个有待继续开发的新领域，在进行挖掘保护的同时，可建设大旅游带，通过"交通+其他要素"，以交通文化要素为基础形成文化廊带，既能打造新的交通文化品牌，也能通过旅游的转化促进经济发展。可构建国家文化线路体系，还可构建沟通境内外的文化旅游风景道体系，在拉动内需的同时，带动沿线国际市场发展。华建集团基础设施事业部（上海市水利院）承担的悬泉置遗址景区交旅融合综合体项目位于世界文化遗产敦煌"悬泉置"遗址景区，是交通强国试点项目。该项目所在景区以汉文化和丝路古邮驿为核心价值，以"丝路邮驿"为品牌依托，是集遗址展示、文化体验、生态休闲、高速服务、康体运动于一体的主题遗址文化旅游景区，将被打造为交通与世界文化遗产保护开发结合的典范。这是提升交通文化遗产旅游价值的有益探索。

从旅游产业发展上看，自驾游、家庭游、定制游会越来越普遍，个性化游客、特殊旅游主体会越来越多。我国古诗词中有许多古代交通文化元素，如长亭、古道、驿站、关口、渡口、灞桥等。在大量的旅游主体中，有相当数量的古文化爱好者、诗词爱好者、历史爱好者、古道爱好者、寻古探幽者等个性化游客对古代交通文化遗产资源充满兴趣。因此，要基于这些极具地域性的古代交通文化遗产所承载的独特历史故事、特色文化来吸引各类特殊游客群体，从而促进古代交通文化遗产资源的旅游开发与利用。

（三）开发与交通文化相关产品，提供交通文化相关服务

开发交通文化相关产品是对交通文化遗产进行整理之后对其文化意义本身进行生产、再生产、分配、交换和消费的活动。开发与交通文化相关产品主要包括两个方面：一是开发与交通文化相关的实物产品；二是开发与交通文化相关的内容产品。

开发与交通文化相关的实物产品是指根据交通文化遗产的内涵，生产相关的交通模型、纪念品、艺术品、装饰品、玩具、文具、生活用品等看

得见、摸得着的物品。例如，一些公司生产了一系列与古丝绸之路有关的西部动漫旅游纪念品，这些产品受到了游客的广泛欢迎。

开发与交通文化相关的内容产品是对交通文化遗产的内容进行创作、教授、展示。可根据交通文化遗产的内容、意义创作小说、诗歌、歌曲、电影、电视剧等文艺作品。例如，以川藏公路修筑为素材的纪录片《通向拉萨的幸福道路》，真实地记录了修筑康藏公路（1955 年改名为川藏公路）过程中的感人故事，也拍摄了前辈开路劈山的智慧，获得第九届卡罗维发利国际电影节报道纪录片奖，这也是我国第一部获国际大奖的彩色纪录片。重庆交通大学原校长唐伯明等编著的《二战交通史话——史迪威公路》，收集了国内外相关资料，全景式地展现了史迪威公路艰苦卓绝的修筑过程，以及该路为我国抗战胜利做出的重大贡献。

提供交通文化相关服务也是交通文化遗产开发的一种方式。可建设交通文化科普场馆、体验场馆、科普基地，吸引亲子游、科普游、历史游等游客群体，通过交通文化教育、培训、体验活动，满足人民群众日益增长的精神文化需求。还可将以上场馆或基地作为党建、爱国主义教育基地，为企事业单位服务。

喀斯特地貌分布最广的贵州省，已建和在建近 3 万座桥梁跨高山、穿峡谷，被誉为桥梁博物馆。贵州交通博物馆·教育馆以时间为轴，采用图文展陈、场景复原、多媒体技术等展示方式，全方位、立体式展示自战国以来贵州交通发展波澜壮阔的历史，横跨 2 000 多年，涵盖古道、公路、铁路、水运、航空等，以震撼人心的巨大成就、感人至深的人物故事、世界及全国领先的科技成果，诠释贵州交通人"逢山开路、遇水架桥"的精神气魄。自 2018 年开馆以来，贵州交通博物馆·教育馆仅线下便接待社会各界观摩学习、专业教育、主题教育等 10 万余人次，产生了良好的社会服务效应，先后荣获"贵州省理想信念教育基地""贵州省科普教育基地""全国科普教育基地"，获批为中国博物馆协会团体会员单位。贵州交通博物馆·教育馆是开发交通文化遗产、提供交通文化服务的典型代表。

交通文化遗产开发的思路还有很多。例如，针对一些栈道、古道等路段，可结合交通、历史、人文等领域进行保护开发。以路段交通活动及其社会价值为内容，以卡通形象为创新，以微动漫平台为渠道，整合本土创意设计、小商品生产销售、新旅游服务、电子商务等系列资源，客观、有效、可持续地传播路段交通文化元素。

随着"国家交通遗产与文化线路"建设工程的提出，有专家认为，交通遗产体现行业文化价值，文化线路体现产业价值，将二者有机结合，方能使其重新焕发出新的光芒。丝绸之路、红军长征、川藏与青藏公路等线路，甚至愚公移山等寓言故事都可以进行有效开发，产生巨大的社会效益和经济效益。

在交通文化遗产开发过程中，要牢牢把握正确政治方向，汇聚传播交通运输正能量，讲好中国交通故事，树立交通运输行业良好形象。要着眼为交通运输行业传声立言，继续打造讴歌交通强国建设成就、展现交通强国建设奋斗历程的电影、电视剧、纪录片等文艺作品，利用多种载体讲好交通故事，弘扬交通文化。同时，还要创新宣传推介方式，加强与媒体的日常联系，重点围绕服务交通强国建设、"四好农村路"、共建"一带一路"倡议等重大项目和主题活动开展宣传，为加快交通强国建设提供强大精神力量和舆论支持。

第八章 交通精神文化丰碑
——"两路"精神及其传播与传承

　　川藏公路、青藏公路（以下简称"两路"）是新中国一号重点工程，其建成创造了世界交通史上的奇迹。2014 年 8 月，在"两路"建成通车 60 周年之际，习近平总书记概括提炼出"两路"精神，其后多次指示要求在新形势下进一步弘扬"两路"精神，加快推进交通强国建设。2021 年 9 月，"两路"精神被纳入中宣部梳理的中国共产党人精神谱系第一批伟大精神。2022 年 10 月，习近平总书记在党的二十大报告中强调，"弘扬以伟大建党精神为源头的中国共产党人精神谱系"。"两路"精神是伟大建党精神的践行具象，是凝聚人心、汇聚民力的强大力量，在新时代建设交通强国新征程中有着重要的群体动力论意义和方法论意义。

第一节 "两路"精神的内涵与价值

　　"两路"精神形成于修筑"两路"的艰苦历程中，并在道路改建、养护过程中得到传承和弘扬。随着时代变迁，"两路"精神始终熠熠生辉，已经融入交通人的血液中，成为交通人团结拼搏的强大动力，激励着一代代交通人创造出一个个新的奇迹。

一、"两路"精神的形成

　　西藏是祖国不可分割的神圣领土。几千年来，由于交通不便，高山激流阻碍了西藏和祖国内地的经济文化交流，也阻碍了西藏地区经济、文化的发展。1949 年前，西藏是中国境内唯一没有近代道路和近代交通工具的地区。从雅安到拉萨，只能步行或乘骑骡马，跋山涉水，往返需要一年之久。藏族人民长期过着肩扛背驮、经济贫困和文化闭塞的痛苦生活，他们在奴隶制的枷锁和皮鞭下遭受着惨无人道的奴役。

为了帮助西藏各民族发展政治、经济、文化、教育等事业，为了解放百万农奴，巩固藏族人民和祖国各族人民的团结，防止帝国主义侵略，必须发展交通运输业。但高原上的河流不能通航，修铁路工程浩大，因此，修公路就成了当时首要而迫切的任务。党中央非常重视西藏公路的修建，早在 1950 年，就指示当时的西南军政委员会交通部和进藏的人民解放军部队，在进军的同时，开始康藏公路的勘测和施工。毛泽东发出了"一面进军、一面修路""生产与筑路并重""为了帮助各民族兄弟，不怕困难，努力筑路"的伟大号召，从此，修筑康藏公路的战斗正式打响了。

康藏公路（今川藏公路）东起雅安，经马尼干戈、昌都、林芝，西至拉萨，全长 2 255 千米。1950 年 4 月，康藏公路正式开工。当时的工作部署是：由抢修雅安至马尼干戈段，进而到马尼干戈至昌都段"边测量，边施工"，逐步加强测设工作，之后是昌都至拉萨段的"先测设，而后施工"，按照分期修建原则，减少国家的投资。

康藏公路蜿蜒于青藏高原东部横断山脉的崇山峡谷之间，穿越了大雪山、宁静山、他念他翁及唐古拉诸大山脉，翻过了二郎山、折多山、雀儿山、色季拉山等 14 座大山，除二郎山垭口海拔 3 200 米外，其余 13 座大山海拔都在 4 000 米以上；横跨了大渡河、雅砻江、金沙江、怒江、拉萨河等 10 多条大河急流；横穿龙门山、青尼洞、澜沧江、通麦等 8 条大断裂带；经过了泥沼、流沙、森林、冰川、地震等地带。工程的巨大和艰险，在世界公路修筑史上前所未有。

在 4 年多的时间里，11 万人民解放军、工程技术人员和各族民工组成的筑路大军，用铁锤、钢钎、铁锹和镐头等简陋工具，以"让高山低头，叫河水让路"的英雄气概，劈开悬崖峭壁，降服险川大河。筑路大军挑战极限，风餐露宿、卧冰爬雪、舍生忘死，用青春、热血和生命筑路，3 000

英烈捐躯高原。1954 年 12 月 25 日，康藏公路正式通车。1955 年，西康省建制撤销并入四川省。1955 年 10 月，康藏公路改称"川藏公路"，起点延至成都，全长 2 416 千米。

青藏公路由西宁至拉萨，全长 1 948 千米，其中格尔木至拉萨段长 1 155 千米。青藏公路是世界平均海拔最高的公路，平均海拔 4 500 米以上，最高处达 5 231 米。公路途经地区的最低气温零下 40 摄氏度，空气中氧含量不足内地的一半，被称为"人类生命禁区"。青藏公路穿越峡谷、戈壁、冰川和长年冻土区等高原险峻地段，翻越昆仑山、唐古拉山等山脉，跨越通天河、沱沱河、楚玛尔河等高原河流及可可西里无人区。青藏公路的筑路大军，每人一把铁锹、一把十字镐，克服重重困难，战胜海拔 5 231 米的唐古拉山口，劈开 15 千米长的千年石峡。1954 年 12 月 22 日，青藏公路修抵拉萨。

1954 年 12 月 25 日，康藏公路和青藏公路同时通车拉萨，西藏拉萨、西康雅安、青海西宁的各族人民，都分别隆重举行通车典礼。毛泽东特为"两路"通车题词："庆贺康藏、青藏两公路的通车，巩固各民族人民的团结，建设祖国！"

川藏公路、青藏公路建设留给后人的，不仅是两条重要的运输生命线，还有宝贵的精神财富。在"人类生命禁区"的"世界屋脊"雪域高原，英雄们以血肉之躯和简易工具战天斗地，书写了一段段感人肺腑的英雄故事，创造了世界公路建设史上的奇迹，也铸就了不朽的精神丰碑——"两路"精神。

二、"两路"精神的内涵

2014 年 8 月 6 日，习近平总书记就川藏、青藏公路通车 60 周年作出重要批示。他指出，2014 年是川藏、青藏公路建成通车 60 周年。这两条公路的建成通车，是在党的领导下新中国取得的重大成就，对推动西藏实现社会制度历史性跨越、经济社会快速发展，对巩固西南边疆、促进民族团结进步发挥了十分重要的作用。当年，10 多万军民在极其艰苦的条件下团结奋斗，创造了世界公路史上的奇迹，结束了西藏没有公路的历史。60年来，在建设和养护公路的过程中，形成和发扬了一不怕苦、二不怕死，顽强拼搏、甘当路石，军民一家、民族团结的"两路"精神。习近平总书记强调，新形势下，要继续弘扬"两路"精神，养好"两路"，保障畅通，使川藏、青藏公路始终成为民族团结之路、西藏文明进步之路、西藏各族同胞共同富裕之路①。

"两路"精神既体现了中国共产党人精神的共性，也彰显了特定时空中绽放的中国共产党人的鲜明个性。"两路"精神包括以下三个方面的内涵：

（一）一不怕苦、二不怕死

20世纪50年代初，第五兵团十八军官兵在进军西藏、修建川藏公路时，首次喊出"一不怕苦、二不怕死"的口号。面对严酷的自然环境，筑路军民敢于战天斗地。踏勘时，"明知山有虎，偏向虎山行"。雪域踏勘需要面对诸多困难，首先就是行路难。雪地行走，有时须滑溜着走，有时须滚着走，还要克服雪盲症。遇草原沼泽地，走险峻攀岩路，随时有沉陷坠亡的危险。其次就是资料缺。当时踏勘工具特别是地图资料奇缺，增加了踏勘工作的难度和强度。最后就是食宿难。川藏公路踏勘员叶祖镕说："没有蔬菜，就四处去找野菜，我们睡过帐篷、民房、寺庙、岩穴、牛棚、马厩，甚至在草地上露宿。"②

筑路时，"让高山低头，叫河水让路"。川藏公路堪称"地质灾害博物馆"，沿线有高山峡谷、激流险滩，地震、滑坡、泥石流、雪崩等灾害频发。青藏公路平均海拔在4 000米以上，要翻越唐古拉山，高寒缺氧，天气瞬息万变、多年冻土不化。面对复杂恶劣的自然环境，筑路大军怀着"为了巩固国防、维护国家统一""为了帮助各兄弟民族"的崇高理想，挑

---

① 习近平就川藏青藏公路建成通车60周年作出重要批示［N］. 人民日报, 2014-08-07（1）.

② 郭海龙，何云庵."两路"精神 凿艰越险一往无前的奋进力量［N］. 中国教育报, 2023-08-03（2）.

战生理极限，风餐露宿，卧冰爬雪，甚至忍饥挨饿，用简陋工具顽强筑路。筑路英雄们挥洒热血与汗水，奉献青春与激情。1953年夏天，在强渡怒江的战斗中，渡江英雄李文炎面对奔腾咆哮的怒江激流，以坚强的毅力和自我牺牲的精神战胜巨浪，强渡过江，架起了钢丝溜索。在野山羊也难以立足的悬崖峭壁上，英雄排长崔锡明，不顾个人安危，攀登绝壁，找到了怒江"未勘察区"的秘密，让修路大军进入工地施工。部队以顽强的毅力战胜了天险，架设怒江桥，在桥头怒江岩壁上留下"英雄阵地"四个大字。1951年，为打通雀儿山，年仅25岁的战士张福林放下步枪、潜心学习，钻研爆破技能，创造了当时全国爆破的最高纪录，使整个工程进度加快3倍多。就在雀儿山隧道即将打通之际，在一次爆破中，张福林不幸被巨石砸中，将年轻的生命永远留在了雀儿山。4年多艰苦卓绝的奋斗，平均1千米牺牲1位筑路战士，3 000英烈长眠雪域高原。"两路"沿线，有1 300多座烈士墓和300多座无名烈士墓。他们用实际行动诠释和践行了"一不怕苦、二不怕死"的革命英雄主义精神。

"一不怕苦、二不怕死"是为了维护国家团结统一，促进民族地区繁荣发展；"一不怕苦、二不怕死"是为了克服高原筑路超乎想象的艰难险阻；"一不怕苦、二不怕死"彰显了筑路军民不畏艰险、不怕牺牲的革命英雄主义及对理想事业的坚定与忠诚。

（二）顽强拼搏、甘当路石

雪域高原空气稀薄、气候恶劣，高山悬崖随时可能发生山洪、泥石流，大江大河波涛汹涌，且时有病虫肆虐，生活和施工条件十分艰苦。二郎山是修筑川藏公路要翻越的第一座大山，施工时正值雨季，阴雨连绵，一时患病者竟达三分之一。为了保证前方物资供应，官兵们不畏艰难、顽强拼搏，他们边施工通车边整治。雨季的二郎山，各路段都有深达膝盖甚至及腰的烂稀泥，汽车陷进去就开不走。战士们砍来树枝，甚至用被子垫上，前拉后推才能让汽车过去。二郎山塌方地段多，一垮就是几里地，战士们不分昼夜地抢修，筐子自己编，扁担自己砍，工具赶不上就奋力用手扒，直到抢通为止。经过50天的顽强拼搏，二郎山上山、下山的80里路面完全畅通。工程人员惊叹说："在这样困难的条件下，只有人民军队，才能在短短时间内，创造出这样的奇迹！"①

　　雀儿山是川藏公路的第一道险关，上下60千米。修路时正值严冬季节，山上积雪2~3米，冻土层达1米多厚。党委号召部队发扬"吃大苦，出大力，耐大劳"的精神，领导干部和党员带头，以身作则，上工在前，收工在后，重活在前，轻活在后。官兵们集中精力挥动铁锤打炮眼，有的双手虎口被震裂却毫无察觉，有的战士手握钢钎时间太久，手和冰冷的钢钎冻在一起，休息时一松手，便被撕扯下一块皮。虽然条件如此艰苦，但没有人叫苦退缩，还涌现出许多英雄。有一口气打了1 200锤、凿了1.7米深炮眼的"千锤英雄"杨海银；有特等功臣青年英雄杨茂武，他提出"冰天雪地干起工，热血挡冷风"的口号，带头爬上陡峭的石岩，悬空打眼放炮；有模范青年团员李学文，他以"不扫清路上积雪不下山"的坚强决心，在风雪交加中与冰雪搏斗，保证道路畅通。筑路英雄以"铁山也要劈个半"的豪迈气魄，打通了雀儿山。随后的甲皮拉、达马拉、米拉、色季拉等十几座大山，都被英雄们逐一攻克。

　　筑路难，护路、养路亦难。一方面，旷日持久的日常养护是简单重复性劳动，需要默默奉献、甘于清贫，耐得住寂寞、忍得住病痛。为保障公路畅通，无数养路工青丝变白发。养护青藏公路的109道班工人们，因长期严重缺氧，30多岁就须发脱落，每人都患有不同程度的高原病，包括心脏肥大、血色素高和关节炎等。为保障"两路"安全畅通，无数道班工献出了自己的健康甚至是生命。另一方面，针对水毁、塌方、地震等灾害，需要发扬不怕疲劳、连续作战的精神，进行抢修抢通。每天不停地从公路旁的高山上流下大量的沙子、石块和树木，有时甚至有成千上万立方的沙石坍塌下来。养路工人为保障道路畅通安全而全身心投入，在路边筑起了一道道防沙墙，付出了艰辛劳动。

　　早日修通修好、养好护好"两路"，进而更好地服务祖国和人民是"两路"建设者和守护者们"顽强拼搏、甘当路石"的具体表现，彰显了

---

① 纪念川藏青藏公路通车三十周年筹委会办公室文献组，西藏自治区交通厅文献组. 纪念川藏青藏公路通车三十周年文献集：第二卷 筑路篇（下）[M]. 拉萨：西藏人民出版社，1984：101-102.

他们在极为艰难的条件下建设、保卫和养护公路过程中不懈奋斗、坚韧不拔、勇于担当的品格和无私奉献的高尚情怀。

（三）军民一家、民族团结

修筑"两路"，不仅是为了巩固西南边防、维护国家统一，也是为了推动西藏地区经济社会繁荣发展、促进各民族文化交流、加强民族团结。从修路开始，筑路部队严格执行"进军西藏，不吃地方"的指示，宁愿饿晕也不随便吃百姓的粮食。在"两路"修建过程中，先后有2万藏族民工参加修路，他们与解放军战士携手战斗，结下了深厚的友谊，有2 000多人立功。藏族群众将筑路当成天大的事，尽力贡献力量。在西线，他们与解放军一起施工。为加强和当地藏族工人的交流，战士们努力学习藏文。在修筑川藏公路拉萨到太昭段时，有近万名藏族工人随部队参加筑路。他们不会用工具，筑路官兵就积极帮他们学习施工技术；不懂要领，战士们就耐心示范。在东线，藏族群众带着成千上万的牦牛和骡马，夜以继日地运送物资，有的甚至献出了年轻的生命。藏族群众曲梅巴珍，昼夜兼程地赶着牦牛，往来于乱石纵横的冰川峡谷，冒着狂风暴雨和纷飞的大雪，为筑路大军运送粮食。有一次，牦牛背上的粮食驮子被山崖撞翻，掉到深不见底的峡谷，她毅然冒着生命危险，把粮食驮子找回来，背运到工地。支援运输的许多藏民都像曲梅巴珍一样，十分爱惜军粮。他们说："保护一粒粮食，就能保证筑路的'金珠玛米'向前多走一步，早日把公路修到拉萨。"

筑路部队模范执行党的民族政策和全心全意为人民服务的宗旨，宣讲人民军队的性质和筑路的深远意义，对藏族民工生活上关心，技术上指导，尊重藏族群众风俗和宗教信仰。藏族群众说："解放军和我们藏族人的心是相通的。"汉藏军民之间建立起了鱼水深情，加强了民族团结，扩大了中国共产党、中国人民解放军在西藏人民中的影响，为建设西藏、巩固国防创造了必要条件。

"两路"修筑中，军民一家与民族团结紧紧相连。这种团结体现为全国各族人民大团结。"两路"顺利通车，离不开全国人民的支援。除保障生活物资供应外，全国人民还积极支援机器、工具和材料，成千上万优秀工人和技术干部来到边疆。军民一家、民族团结是中国共产党在长期革命中形成的政治本色和优良传统，也是"两路"精神的重要内涵。

"军民一家、民族团结"彰显了川藏、青藏公路的建设者和守护者们在战胜艰难险阻过程中所形成的水乳交融、血肉相连的军民鱼水深情和藏汉一家、各民族一家、团结互助的良好关系。

三、"两路"精神的价值

"两路"精神是一种开天辟地的精神，是一种敢为人先的精神，是一种顽强拼搏、不怕苦、不怕累的精神，体现出中华民族团结一心、互帮互助的友谊之情，彰显出不畏艰难险阻、勇于挑战极限的优良传统。"两路"精神产生于特定时代、特定背景，其表现形式是历史的，但其内涵价值是永恒的。

（一）实现中华民族伟大复兴的强大动力

"两路"精神是中国特色社会主义建设史上一座不朽的丰碑。党的十八大以来，党中央提出实现中华民族伟大复兴的宏伟目标。实现中华民族伟大复兴需要精神的引领和支撑，正如习近平总书记所指出的，"实现中国梦，必须走中国道路、弘扬中国精神、凝聚中国力量"。"两路"精神是中国共产党人精神谱系的组成部分，是中华民族宝贵的精神财富，是实现中华民族伟大复兴的强大精神力量。

"一不怕苦、二不怕死"的精神，早已成为中国共产党革命精神和中华民族精神的重要组成部分，是宝贵的精神财富。1963年，西藏军区司令员张国华（原十八军军长，率军进军西藏并修路）到北京，向党中央汇报中国边防部队奉命被迫对印度军队的武装进攻进行自卫反击作战胜利的经验时谈道，我们的胜利靠的是"一不怕苦、二不怕死"的精神。毛泽东对此予以充分肯定和高度赞扬。1965年11月6日，总政治部在下发向王杰同志学习的指示中，正式向全军提出了发扬"一不怕苦、二不怕死"革命精神的要求。1969年4月28日，毛泽东再次强调："我赞成这样的口号，叫作'一不怕苦、二不怕死'。"从此，"一不怕苦、二不怕死"的精神成为激励全国各族人民攻坚克难、夺取一个又一个胜利的强大精神力量。在实现中华民族伟大复兴的征程上，我们要始终坚定理想信念，继承和弘扬"一不怕苦、二不怕死"的战斗精神、奋斗精神。今天的中国正在和平崛起，综合国力显著增强，人民生活日益改善，国际地位和国际影响力空前提升，我们比历史上任何时候都更接近中华民族伟大复兴的目标，比历史上任何时期都更有信心、有能力去实现这个目标。我们要继续弘扬"一不怕苦、二不怕死"的战斗精神，为实现中华民族伟大复兴而努力奋斗。

"顽强拼搏、甘当路石"是川藏公路、青藏公路修建者和守护者们战胜高山峡谷、激流险滩、高寒缺氧、冻土塌方，长年守护"两路"、默默奉献国家建设的真实写照。一代又一代中华儿女顽强拼搏、自强不息、无私奉献的精神，是我们党和国家事业兴旺发达的力量之源。实现中华民族伟大复兴，不是敲锣打鼓、轻轻松松就可以完成的。我们面临的机遇前所未有，挑战前所未有。每个人都要增强责任感、使命感，弘扬"顽强拼搏、甘当路石"的精神，善于攻坚克难，甘于无私奉献。

"军民一家、民族团结"是川藏公路、青藏公路修筑成功的前提，也是"两路"修筑的一大目的。军民一家共建运输生命线，汉藏团结共同发展谋幸福。"军民一家、民族团结"的精神是深化民族团结进步教育，引导各族群众牢固树立休戚与共、荣辱与共、生死与共、命运与共的共同体理念，促进各民族在中华民族大家庭团结互助的宝贵精神资源。新时代，军民一家亲、维护民族团结仍然是历史与时代赋予我们的重要任务。

（二）培育新时代交通精神的不竭源泉

新时代呼唤新精神。新时代交通运输发展需要艰苦奋斗、勇于创新、不畏艰险、默默奉献的交通精神。2019年9月，中共中央、国务院印发了《交通强国建设纲要》，强调"培育交通文明。推进优秀交通文化传承创新，加强重要交通遗迹遗存、现代交通重大工程的保护利用和精神挖掘，讲好中国交通故事。弘扬以'两路'精神、青藏铁路精神、民航英雄机组等为代表的交通精神，增强行业凝聚力和战斗力。全方位提升交通参与者文明素养，引导文明出行，营造文明交通环境，推动全社会交通文明程度大幅提升"。

交通精神是民族精神和时代精神在交通运输实践中的生动体现，是中国交通人共同创造的精神财富，代表了交通人的思想意志和精神风貌。培育和建设新时代交通精神，既是建设交通强国目标的重要内容，也是推动交通运输行业实现跨越式发展的强大动力，是交通运输行业核心价值观的重要体现。"两路"精神是中华优秀传统文化、革命文化和社会主义先进文化在交通运输行业的集中展示，是中国精神、中国价值、中国力量的重要组成部分，是培育新时代交通精神的不竭源泉。"两路"建设者和守护者用忠诚、热血和生命铸就"两路"精神，他们视死如归、不畏艰险的崇高品质，为当代中国交通精神和交通文化的建设发展奠定了坚实的思想基础。

"一不怕苦、二不怕死"的战斗精神、牺牲精神和革命英雄主义精神，"顽强拼搏、甘当路石"的奉献精神和奋斗精神，"军民一家、民族团结"的军民同心、各民族团结互助精神，体现了一代代"两路"人的高尚情操和人生信念。"两路"精神是中华民族宝贵的精神财富，是中华民族生生不息、克服困难、夺取胜利的重要法宝。"两路"精神是交通运输全行业的精神，是交通人核心价值观的集中体现，是推动交通运输业发展的强大精神动力。以"两路"精神为基础孕育出的新时代交通精神，集中体现为艰苦奋斗、勇于创新、不畏艰险、默默奉献，这是新时代交通人开拓前行的精神动力、价值追求、行为范式和道德规范。

新时代，交通人要不忘初心、牢记使命，坚持创新、协调、绿色、开放、共享的新发展理念，践行社会主义核心价值观，走创新发展、绿色发展之路；不断增强服务意识、提高服务能力；秉承艰苦奋斗、甘当路石、开拓创新的精神，恪尽职守、默默奉献，在平凡的岗位上，创造不平凡的业绩；继承和弘扬"两路"精神，坚定理想信念，为建设交通强国，不畏艰难、甘当路石、顽强奋进，不断创造世界交通运输建设史上新的奇迹。

（三）新时代民族团结、国家统一的重要法宝

民族团结是国家统一、社会稳定的前提和基础。因此，促进民族团结关系到祖国统一和边疆巩固，对国家的长治久安和繁荣昌盛极其重要。

"两路"修筑和养护的奋斗史，谱写了各民族团结互助、共同繁荣发展的不朽诗篇，是军民团结、民族团结、维护国家统一的生动典范，体现

了各民族团结一致、亲如一家、互帮互助的深厚情谊。一代代"两路"人、武警官兵、边防将士和各族民众，持续发扬"一不怕苦、二不怕死，顽强拼搏、甘当路石，军民一家、民族团结"的"两路"精神，他们战斗在祖国的西南边陲保卫着川藏公路、青藏公路两条重要的国防战略通道，确保了西藏的和平安宁、民族团结和国家统一。

新时代，"两路"精神仍然是维护民族团结、国家统一的重要法宝。"两路"修筑谱写了军民同心、各民族团结互助，齐心协力保卫边疆、捍卫国家统一的英雄赞歌。"两路"修筑过程中，部队严格贯彻执行党的民族政策和宗教政策，包括全体筑路员工和部队严格遵守民族地区的风俗习惯；修筑公路不准占用寺院、佛塔等建筑物；购买牛粪、草料或其他物品，必须在双方自愿的原则下进行，不准抬高市价或抢购；修筑公路，如要占用耕地，须经有关方面协商，按议价付款等；充分尊重少数民族群众的信仰和利益，把民族团结、军民一家的政策落到实处等。在修筑、养护"两路"过程中，广大官兵、各族群众发扬"军民一家、民族团结"的精神，克服重重困难，保障了川藏公路、青藏公路的安全畅通，涌现出许多可歌可泣的英雄模范及英雄事迹。这些都是新时代爱国主义教育、民族团结教育的生动教材，具有强大的凝聚功能和激励功能，为新时代民族团结、国家统一提供了强大的凝聚力、向心力和推动力。

当前，国际国内形势纷繁复杂，我们要继续弘扬"两路"精神，不断铸牢中华民族共同体意识，不断增进各族人民的融洽亲和、团结互助，形成各民族在文化上相互交融、经济上相互依存、情感上相互亲近的格局，促进各民族和睦共处、和衷共济、和谐发展，坚决维护国家主权和领土完整。

第二节 "两路"精神的传播与传承

人无精神则不立，国无精神则不强。筑路人的豪情壮志、养路人的牺牲奉献铸就的"两路"精神，在高原上树立起永不褪色的丰碑，激励鼓舞着一代代人奋发向上、砥砺前行。

一、"两路"精神传播与传承的关系

传播和传承是两个相互依存的概念，它们之间的关系非常密切。

传播即社会信息的传递或社会信息系统的运行①。传播是信息从一个个体或群体向另一个体或群体传递的过程，信息传递渠道主要有口头语言、文字、印刷品、广播、电视、互联网等不同形式的媒介，受众可以是特定的个人、群体或公众。信息传递对受众和社会产生的影响和结果即传播效果，传播效果可以是积极的，如促进人们作出正确的决定；也可以是消极的，如引起不良的行为或者情感反应。

传承是指将某种文化、知识、技艺等传递给后代，使其得到延续和发展。传承是一种社会文化现象。传承不仅仅是简单的知识传递，更是一种价值观的传承，是一种文化传承，是一种精神传承。传承是人类文明发展的重要途径之一，为人类文明的发展做出了巨大的贡献。

传播与传承的关系可以从多个角度来理解。在时空关系上，传播侧重某种事物或思想的横向传递散播，传承侧重某种事物或思想的纵向传递继承。在内容客体上，传播侧重信息内容和外在形式，传承侧重具体行动和精神内涵。在目的上，传播主要影响人们的认知和态度，传承更倾向于作用于人们的行为。用一个简单的公式来表示，传承=传播+时间+行动。

传播和传承相辅相成。传播是传承的基础，如果人们尚不知晓某些事物或思想，就没有传承的可能。传承是传播的动力，只有在传承的基础

---

① 郭庆光. 传播学教程 [M]. 北京：中国人民大学出版社，2011：4.

上，才能进行更广泛的传播。拉斯韦尔认为，大众传播有三种基本社会功能，即环境监视功能（surveillance of environment）、社会联系与协调功能（correlation of the parts of society）、社会遗产传承功能（transmission of social heritage）①。由社会遗产传承功能可知，传播与传承是息息相关的。人类社会的发展是建立在传播和传承的基础上的，前人的智慧和精神通过语言、文字、图片、声音、视频、其他符号等各种方式记录下来并传给后代，后代才能在前人的基础上做出进一步的完善、发展和创造。

精神是活着的历史，但历史总是在时代的潮流中被人遗忘。当传承精神的老人一个个故去，当口口相传的故事逐渐消散在时光的风口，没有得到传承的精神终将会消失在人类前行的步伐中。

"两路"精神源于修筑"两路"的伟大实践，源于养护"两路"的传承坚守，只有注重"两路"精神的传播才能推进它的传承，才不会让这种宝贵的精神逐渐消失在时光的洪流中，但也要将传播与传承统一起来，才能避免一味地注重传播而丢失了精神源于生活、源于民众的本质规律。我们应根据党中央的指示要求，在新形势下进一步弘扬"两路"精神，在传播中传承，在传承中传播，加快推进交通强国建设。

二、"两路"精神传播与传承的现状

"两路"精神是中国革命和建设历程中交通运输领域涌现出来的精神高地，是交通人理想、价值和文化自信的集中凸显。我们应讲好"两路"故事，用好红色资源，传承"两路"精神，赓续红色基因，为加快建设交通强国提供强大动力。

（一）"两路"故事：媒体宣传及学术研究

关于"两路"故事的媒体宣传及学术研究，在 20 世纪 50 年代"两路"修筑的时候就已经开始了，早期主要表现为交通史料、消息通讯、报告文学、纪实文学、小说故事、诗集画册等，真实、艺术地再现了"两路"修筑的艰辛历程和巨大价值。"两路"精神真正进入学术视野并广泛

---

① 郭庆光. 传播学教程［M］. 北京：中国人民大学出版社，2011：101.

研究始于 2014 年习近平总书记概括提炼出"两路"精神以来，并融入中国共产党人精神谱系研究之中。

近年来，对于"两路"故事的宣传报道集中在新华网、《人民日报》、中央电视台等国家主流媒体，以及四川、西藏、青海等地方主流媒体，主要采用特刊、专题、专栏、纪录片等形式进行传播。

2018 年上映的以慕生忠将军为原型创作的电影《天慕》，讲述了慕将军率领筑路大军历时七个月零四天，修建青藏公路的传奇事迹。该电影在高原实地拍摄，剧组克服了重重困难，高质量地完成了影视作品的制作，这不仅是对"两路"精神的传播，也是对"两路"精神的传承。

2021 年 11 月 19 日，央视新闻频道《朝闻天下》栏目专题节目《红色精神 薪火相传》聚焦报道"两路"精神。在此之前，多家媒体也拍摄了关于"两路"精神的纪录片，如八一电影制片厂拍摄的《战胜怒江天险》（1954 年）和《通向拉萨的幸福道路》（1955 年），均是用镜头记录中国人民解放军筑路部队在康藏高原、青藏高原架设桥梁、修建公路的壮举。

2022 年 8 月 12 日，国家广播电视总局第三批百部重点电视剧规划选题、四川省 2021 年度重大文艺扶持项目——革命历史题材电视剧《西进西进》在成都市大邑县安仁镇建川博物馆举行开机仪式。《西进西进》全剧以人民解放军第十八军从四川启程进藏、援藏、建设西藏的历史故事为蓝本，突出展现了革命将士以忠诚、坚韧、大无畏的革命精神，克服无数艰难险阻，历经许多生离死别，舍小家为国家，不辱使命，实现了"坚决把五星红旗插上喜马拉雅山，让幸福的花朵开遍西藏"的铿锵誓言，并流传下"一不怕苦、二不怕死，顽强拼搏、甘当路石，军民一家、民族团结"的"两路"精神的革命故事。

在如今的网络时代，"三微一端"（微博、微信、微视频、客户端）也是"两路"故事的传播渠道，但与"两路"相关的传播内容还比较少，转发及评论等互动性内容也不够多，传播效果还有待提升。

对于"两路"故事和"两路"精神的学术研究主要集中在三个层面：一是本体认知层面，包括"两路"修筑的历史和"两路"精神的形成、科学内涵、特质属性等；二是价值把握层面，重点包括"两路"精神的历史意义和时代价值；三是传承弘扬层面，即"两路"精神在社会各个领域的传承弘扬和继承发展。

已有宣传报道和学术研究为新时代讲好"两路"故事，以及研究、资政、育人做出了重要贡献，为"两路"精神的践行应用奠定了良好的基础，但也存在明显不足之处，主要表现在研究成果总量偏少，研究广度和深度不够，特别是关于"两路"精神红色基因的价值传播、开发和利用不够，甚至停留在浅层解读及宣讲层面，成果应用及社会效益不够显著，这为后续研究创新提供了空间。

(二)"天路"纵横：西藏交通今非昔比

"两路"修筑开启了西藏交通发展的新纪元。在改造、整治和养护"两路"的过程中，一代代交通人继承传统、以路为家，不断丰富和发展"两路"精神，也推动西藏交通运输事业发生了翻天覆地的变化。

"十三五"时期，拉萨至林芝、泽当至贡嘎机场、日喀则机场至日喀则市等高等级公路相继通车运行，西藏自治区公路总里程增至11.88万千米。随着"四好农村路"建设深入推进，西藏乡镇、建制村通畅率大幅提升，并且实现了所有县（区）和具备条件的乡镇、建制村通客车的目标。一张巨大的公路网，将雪域高原上星星点点的村庄、牧场、雪山、湖泊紧紧相连，被人们亲切地称为"天路"。

一条条"天路"，为西藏经济发展打通了瓶颈。2013年10月，波密至墨脱的公路全线通车，从此，墨脱县也通了公路，步入发展快车道。"十三五"时期，墨脱县旅游业各项发展指标大幅上升，年游客量最高时达22.75万人次。2021年5月，第二条通往墨脱的交通要道——派墨公路全线贯通，墨脱旅游产业再上新台阶。

一条条"天路"，带动各族人民群众脱贫致富。距拉萨市区40千米的堆龙德庆区南巴村掩映在绿水青山中。以前，出村的土路晴天扬尘、雨天泥泞，糌粑、酥油等特产只能用马车、拖拉机运出村售卖。自从村里通了水泥路，特产外销顺畅多了。2020年，村民人均年收入达到1.4万元，许多人家买了车，看病就医、外出办事更为方便。

一条条"天路"，凝聚着交通人筑路养路的艰辛付出。"两路"通车以来，以驻守在海拔 5 230 米的"天下第一道班"109 道班、全国劳模玛尔灯等为代表的一代代养路工人坚守在青藏高原，经历着恶劣气候、高寒缺氧的严峻考验，以养路为业、道班为家，为西藏公路保通保畅做出巨大贡献。

西藏自治区将进一步科学谋划出入西藏通道建设，深入推进一批重点项目工作，做好川藏公路保通保畅和提质改造，让雪域高原各族人民走上"团结线""幸福路"，过上更加美好的新生活。

（三）"两路"精神：传承弘扬再创奇迹

逢山开路，遇水架桥。"两路"精神激励着一代代交通人攻坚克难、奋勇拼搏，接续创造着一个个举世瞩目的中国奇迹。

2016 年 4 月 13 日，穿越世界级滑坡群地段的国道 318 线川藏公路通麦段整治改建工程正式通车。该路段地质条件复杂，施工安全风险极高、难度极大。工程技术人员团结拼搏、努力创新，运用一系列新技术新工艺，克服了隧道涌水、危岩破碎等施工难题，成功驯服了"通麦天险"，使川藏公路通麦段的通行时间由 2 个多小时缩短为 20 多分钟。成功解决"通麦天险"难题，彰显了当代交通建设者对"两路"精神的传承，也反映了我国交通建设的强大实力。

2017 年 12 月 10 日，全球最大的单体全自动化码头——上海港洋山港区四期码头正式开港。跨海建桥、填海造地、穿山筑路……洋山港建设中，创新解决了工程泥沙等一系列难题，探索出离岸深水港建设的成套技术，为我国港口工程向离岸、大型、深水方向发展奠定了坚实基础。值得自豪的是，四期码头中的桥吊、自动导引车、轨道吊、设备控制系统均由我国企业自主制造。

2018 年 10 月 24 日，世界总体跨度最长、钢结构桥体最长、海底沉管隧道最长的跨海通道——港珠澳大桥建成通车。作为公路建设史上技术最复杂、施工难度最大、工程规模最庞大的跨海通道工程，港珠澳大桥创造了一系列"世界之最"。这一跨海通道工程的背后，凝聚着交通建设者们的汗水和智慧。沉管隧道施工是前所未有的世界级工程技术难题，建设者们从零起步、潜心钻研，突破了核心技术难关，自主研发制造出了海底沉管，并将33节沉管逐一安放成功。整个大桥建设过程中，建设者们发明了400多项新专利。

京新高速、港珠澳大桥、西成高铁秦岭隧道群、洋山港集装箱码头、青岛港全自动化集装箱码头、长江口深水航道治理……党的十八大以来，我国重大交通建设工程捷报频传、鼓舞人心，中国路、中国桥、中国高铁等成为举世瞩目的"中国名片"。

今日之中国，公路成网，铁路密布，高铁飞驰，巨轮远航，飞机翱翔，邮路畅通，高速铁路、高速公路、城市轨道交通、港口万吨级泊位等规模均跃居世界第一，交通运输实现了从小到大、从大向强的历史性转变，实现了从"整体滞后"到"瓶颈制约"到"初步缓解"再到"基本适应"的历史性跨越。在全面建设社会主义现代化国家的新征程上，"两路"精神将激励全体交通人艰苦奋斗、开拓进取，迈出加快建设交通强国的铿锵步伐。

三、"两路"精神传播与传承的建议

"两路"开创了现代公路交通运输事业的新纪元，在地形复杂、气候恶劣、生态环境脆弱的地区修建公路，这一壮举充分发挥了我国社会主义制度能够集中力量办大事的优势，铸就了一不怕苦、二不怕死，顽强拼搏、甘当路石，军民一家、民族团结的"两路"精神。精神是民族的根本，承载国家的过去和未来，要传承优良的民族精神，挖掘中国精神的内涵和源泉，这样才能滋养人民的幸福、国家的富强、民族的复兴。

（一）"两路"精神传播与传承的不足

目前对于"两路"精神的传播与传承还存在一些较为明显的不足，如大众对于"两路"精神的认知程度较低，主要停留在交通行业内，"两路"精神传播与传承的政策指向性较强，缺乏大众的行为自觉。此外，还存在以下两个方面的不足：

第一，传播主体以官方主流媒体为主，传播时间、地域、受众较为局限。目前对于"两路"精神的传播主要集中在新华网、《人民日报》、中央电视台等国家主流媒体。关于"两路"精神的报道数量存在时间的差异，

只在特定几个时间段有较多数量的报道，例如 1954—1955 年"两路"建成通车前后，1984—1985 年青藏公路全面改建完工前后，2014 年习近平总书记批示"两路"精神之后。在地域上，笔者通过在微博微信等媒体上搜索"两路"精神，发现发布账号大多归属四川、青海、西藏地区，可见在"两路"沿线地区更加注重"两路"精神的传播，因此，"两路"精神的传播存在一定的地域差异。在受众上，主要集中在交通管理部门、交通企业等交通行业工作人员和"两路"修建养护人员及其亲朋好友，还包括极少数的"两路"精神研究人员，点赞、转发、评论等互动性内容总体较少。

第二，传播内容不够丰富多元，存在同质化现象，缺乏与时俱进的优秀作品。已有"两路"作品能够展示"两路"修建过程的艰辛，起到一定的宣传效果，但是这些作品大多年代久远，基本情节、描写场景、叙事角度、语言风格较为雷同，缺少主动策划、深入挖掘、横向延伸的创新性内容。近年来，"两路"沿线交通发生着巨大变迁，一些新的超级工程出现，需要创作新的相关作品助力传播"两路"精神。仅仅依靠已有作品，往往给受众带来审美疲劳，加上缺乏受众的参与和互动，导致传播内容吸引力不够，从而使"两路"精神的传播传承效果大打折扣。

（二）"两路"精神传播与传承的改进

在明确传播与传承"两路"精神的价值与意义的基础上，应构建"两路"精神传播传承体系，建设"两路"精神传承场域及保障机制，包括政策保障机制、法律保障机制、运行机制、激励机制、监督评价机制等，有效提升"两路"精神的传播传承效果。

第一，官方主流媒体进一步加强宣传，引领公众关注和认识"两路"精神。应充分发挥国家主流媒体的公信力、影响力等优势，进一步加强"两路"建设的宣传报道，精心策划报道内容，用简单质朴的语言、用人民群众喜闻乐见的方式、用令人印象深刻的独特风格进一步讲好"两路"故事，阐释好"两路"精神。首先，通过阐释"两路"精神的理论逻辑、历史逻辑、现实依据，提升"两路"精神的说服力，深化大众对"两路"精神的理性认知；其次，通过"两路"建设者和养护者，以及所有交通人的真人真事，提升"两路"精神的感染力，增进大众对"两路"精神的情感认同；最后，结合当前经济社会发展实际，回答践行"两路"精神的意义与路径，提升"两路"精神的生命力，提高大众践行"两路"精神的意志自觉。

第二，充分利用新媒体优势进行数字化传播，拓宽传播时空范围及受众范围。与传统媒体相比，新媒体具有方便快捷、互动性强、个性化推荐、表现形式多样、选择性多等诸多优势。新媒体已经成为人们生活中使用最多、受众范围最广的媒介，因此要传播传承"两路"精神，就必须紧跟时代步伐，应充分利用新媒体的优势，进一步拓宽传播时空范围；运用短视频、图片、标题、文字标签等方式强化碎片化传播，满足用户"轻松、轻便、碎片化"的需求；全过程、全方位、多角度发起互动，并采取各种奖励措施，有效激发用户参与的积极性；加强新媒体平台本身的推广，吸引更多用户的关注。

第三，创作更多优秀"两路"作品，提升传播内容的吸引力和感染力。"两路"作品是"两路"精神传播传承的重要载体。在当下互联网飞速发展的时代，各类文学艺术作品的影响范围正在不断扩大。优秀的文艺作品不仅是一种娱乐载体，还可以记录历史、传播精神、引导受众思考，可以在精神传播与传承的过程中发挥重要的积极作用。应推陈出新，在原有"两路"作品的基础上，创作更多关于"两路"精神的小说、诗歌、戏剧、散文等文学作品，以及歌曲、广播剧、微视频、纪录片、电视剧、电影等富有感染力和冲击力的作品，增强"两路"精神的传播效果，推动"两路"精神的传承与发展。

第四，大力开展学习"两路"精神、践行"两路"精神的各项活动。可依托"两路"通车纪念日等特定时间节点，开展学习践行"两路"精神的各项活动，包括重走"两路"线、参观纪念馆、话剧表演、诗歌朗诵、学术研讨等各项党史学习、主题教育、组织生活、业务竞赛活动，通过奖励、表彰和批评、惩罚相结合的方式，加强"两路"精神的学习、研究，提升"两路"精神的影响力，促进"两路"精神转化为实际行动。

第五，推动"两路"故事创造性转化，通过开发利用传承"两路"精神。2017 年 3 月，交通运输部、国家旅游局等六部门出台《关于促进交通运输与旅游融合发展的若干意见》，其中特别提出，"形成有广泛影响力的自然风景线、历史人文线、红色文化线""加强对具有历史文化、精神价值等意义的铁路、公路交通遗产资源的保护开发研究，鼓励挖掘'丝绸之路''茶马古道''川盐入黔路''京杭大运河'具有重要历史文化价值的交通遗迹遗存，做好资源保护与开发，完善旅游线路与展示平台"。"两路"修筑及"两路"精神，为川青藏地区旅游文化的发展，尤其是红色旅游文化的发展提供了丰富的宝贵资源。可以"两路"建设的历史遗迹、遗址、纪念碑、纪念馆、博物馆、烈士陵园、各类文物等为载体，进一步开发"两路"传奇故事、英雄事迹、红色文化，进一步发展红色旅游，挖掘红色内涵，表现红色精神，传承红色基因。

奋斗新时代，奋进新征程，继续弘扬"两路"精神，逢山开路、遇水架桥，敢于牺牲、勇于奉献，我们就一定能汇聚起实现中华民族伟大复兴的磅礴力量，不断创造新业绩、铸就新辉煌。

参考文献

一、著作

[1] 中国公路交通史编审委员会. 中国公路史（第一册）[M]. 北京：人民交通出版社，1990.

[2] 梁启超. 饮冰室合集（第5册）[M]. 北京：中华书局，1989.

[3] 梁漱溟. 中国文化要义 [M]. 上海：上海人民出版社，2018.

[4] 班固. 汉书·卷五十一 [M]. 北京：中华书局，2007.

[5] 徐元诰. 国语集解 [M]. 韦昭，注. 北京：中华书局，2019.

[6] 李延寿. 北史（卷九十九）[M]. 北京：中华书局，1974.

[7] 严耕望. 唐代交通图考 [M]. 上海：上海古籍出版社，2007.

[8] 陕西省古籍整理办公室. 三辅黄图校注 [M]. 何清谷，校注. 西安：三秦出版社，1995.

[9] 纪念川藏青藏公路通车三十周年筹委会办公室文献组，西藏自治区交通厅文献组. 纪念川藏青藏公路通车三十周年文献集 第二卷 筑路篇（下）[M]. 拉萨：西藏人民出版社，1984.

[10] 林坚. 文化学研究引论 [M]. 北京：中国文史出版社，2014.

[11] 周鸿铎. 文化传播学通论 [M]. 北京：中国纺织出版社，2005.

[12] 庄晓东. 文化传播：历史、理论与现实 [M]. 北京：人民出版社，2003.

[13] 李晓东. 全球化与文化整合 [M]. 长沙：湖南人民出版社，2003.

［14］陈建宪. 文化学教程［M］. 2 版. 武汉：华中师范大学出版社，2011.

［15］张朝霞，黄昭文. 文化传播学［M］. 北京：中国人民大学出版社，2019.

［16］庞朴. 文化的民族性与时代性［M］. 北京：中国和平出版社，1988.

［17］陈华文. 文化学概论新编［M］. 3 版. 北京：首都经济贸易出版社，2016.

［18］王子今. 中国古代交通文化［M］. 海口：三环出版社，1990.

［19］王子今. 中国古代交通文化论丛［M］. 北京：中国社会科学出版社，2015.

［20］白寿彝. 中国交通史［M］. 长沙：岳麓书社，2011.

［21］叶持跃，黄伟. 中国交通文化概说［M］. 北京：机械工业出版社，2012.

［22］王先进. 交通行业文化导论［M］. 北京：人民交通出版社，2012.

［23］董莉莉，陈树淑. 周流天下：中国传统交通文化［M］. 济南：山东大学出版社，2017.

［24］朱文光. 道路交通社会学［M］. 济南：山东人民出版社，1993.

［25］蒋响元. 湖南交通文化遗产［M］. 北京：人民交通出版社，2012.

［26］王戎，唐伯明，郭瑞敏. 弘扬"两路"精神 加快建设交通强国［M］. 北京：人民交通出版社股份有限公司，2020.

［27］于海广，王巨山. 中国文化遗产保护概论［M］. 济南：山东大学出版社，2008.

［28］郭庆光. 传播学教程［M］. 北京：中国人民大学出版社，2011.

［29］胡正荣，段鹏，张磊. 传播学总论［M］. 2 版. 北京：清华大学出版社，2008.

［30］戴元光，金冠军. 传播学通论［M］. 2 版. 上海：上海交通大学

出版社，2007.

[31] 邵培仁. 传播学 [M]. 3 版. 北京：高等教育出版社，2015.

[32] 戴元光，邵培仁，龚炜. 传播学原理与应用 [M]. 兰州：兰州大学出版社，1988.

[33] 邵培仁，杨丽萍. 媒介地理学：媒介作为文化图景的研究 [M]. 北京：中国传媒大学出版社，2010.

[34] 喻国明. 媒介革命：互联网逻辑下传媒业发展的关键与进路 [M]. 北京：人民日报出版社，2015.

[35] 洛克. 人类理解论 [M]. 关文运，译. 北京：商务印书馆，1959.

[36] 泰勒. 原始文化：神话、哲学、宗教、语言、艺术和习俗发展之研究 [M]. 连树声，译. 上海：上海文艺出版社，1992.

[37] 李约瑟. 中国科学技术史 第一卷 [M]. 北京，上海：科学出版社，上海古籍出版社，1990.

[38] 福克斯. 马克思主义：卡尔·马克思关于文化和传播研究的十五个核心概念 [M]. 周延云，译. 西安：西安交通大学出版社，2022.

[39] 施拉姆，波特. 传播学概论 [M]. 2 版. 何道宽，译. 北京：中国人民大学出版社，2010.

[40] 凯利. 科技想要什么 [M]. 严丽娟，译. 北京：电子工业出版社，2016.

[41] 库利. 社会组织 [M]. 展江，何道宽，译. 北京：中国传媒大学出版社，2013.

[42] 巴格比. 文化：历史的投影 [M]. 上海：上海人民出版社，1987.

[43] C.恩伯-M.恩伯. 文化的变异：现代文化人类学通论 [M]. 杜杉杉，译. 沈阳：辽宁人民出版社，1988.

[44] 库蕾. 古希腊的交流 [M]. 邓丽丹，译. 桂林：广西师范大学出版社，2005.

[45] 卢梭. 社会契约论 [M]. 何兆武，译. 北京：商务印书

馆，2003.

[46] 梅兰. 我知道什么？城市交通 [M]. 高煜，译. 北京：商务印书馆，1996.

[47] 卡西尔. 人论 [M]. 甘阳，译. 上海：上海译文出版社，2004.

[48] 蓝德曼. 哲学人类学 [M]. 彭富春，译. 北京：工人出版社，1988.

[49] 麦克卢汉. 理解媒介：论人的延伸 [M]. 何道宽，译. 北京：商务印书馆，2000.

[50] RAYMOND W. Keywords：a vocabulary of culture and society [M]. Oxford：Oxford University Press，1985.

二、文章

[1] 习近平. 与世界相交 与时代相通 在可持续发展道路上阔步前行：在第二届联合国全球可持续交通大会开幕式上的主旨讲话（2021 年 10 月 14 日）[N]. 人民日报，2021-10-15（2）.

[2] 习近平就川藏青藏公路建成通车 60 周年作出重要批示 [N]. 人民日报，2014-08-07（1）.

[3] 坚持军地合力军民同心 全面提高双拥工作水平 [N]. 人民日报，2016-07-30（1）.

[4] 白根海，杨林林. 创建交通文化 打造和谐交通：邯郸县交通局和谐交通文化创建纪实 [N]. 河北经济日报，2006-11-11（5）.

[5] 全国公安交通管理工作电视电话会议召开 刘钊出席并讲话 [N]. 人民公安报，2023-03-29（1）.

[6] 林珊，马晓伟. 山东：从严管党治警 推动交管工作现代化 [N]. 人民公安报，2023-09-26（5）.

[7] 陈龙飞. 我国每年约 6.3 万人因车祸去世 [N]. 健康时报，2021-02-19（15）.

[8] 王晓萌，温晓俊. 聆听交通文化的历史回响：首届全国交通运输优秀文博馆推选展示活动决赛侧记 [N]. 中国交通报，2023－02－

21（1）.

[9] 郭海龙，何云庵. "两路"精神 凿艰越险一往无前的奋进力量 [N]. 中国教育报，2023-08-03（2）.

[10] 陆地，尹坤. 交通移动媒体的类型特色 [N]. 中华新闻报，2008-03-12（4）.

[11] 方汉奇. 中国近代传播思想的衍变 [J]. 新闻与传播研究，1994（1）：79-81.

[12] 路柳. 关于地域文化研究的几个问题：第一次十四省市地域文化与经济社会发展研讨会综述 [J]. 山东社会科学，2004（12）：88-92.

[13] 崔保国. 大部制整合与大传媒时代的到来 [J]. 当代传播，2013（2）：1.

[14] 俞慰刚. 日本城市交通文化的现实启示 [J]. 上海城市管理职业技术学院学报，2008（1）：57-60.

[15] 桑业明. 论交通文化的本质 [J]. 长安大学学报（社会科学版），2010（12）：24-28.

[16] 李振福. 交通文化与交通管理 [J]. 交通标准化，2003（5）：45-48.

[17] 傅新平. 论交通文化中的几个重要特征 [J]. 武汉理工大学学报（社会科学版），2006（5）：697-701.

[18] 戴生岐，戴岩. 交通文化刍论 [J]. 长安大学学报（社会科学版），2010（3）：15-18.

[19] 姜维维. 先行与先机：交通文化的优势要素与思政话语构建 [J]. 市场周刊，2022（12）：12-15.

[20] 李春. 从青岛开发看德国交通文化 [J]. 北京交通管理干部学院学报，2005（3）：15-18.

[21] 李伟，丁加明. 基于品牌传播的湖南交通文化遗产的推广研究 [J]. 新楚文化，2022（5）：14-17.

[22] 戴元光. 关于文化传播学的理论问题 [J]. 兰州大学学报（社会科学版），1995（4）：80-86.

［23］张昭军，徐娟. 文化传播与文化增殖：以《泰西新史揽要》在晚清社会的传播为例［J］. 东方论坛，2005（4）：71-76.

［24］韩晓瑜. 加快建设交通强国背景下提升交通文化软实力的思考［J］. 交通企业管理，2023（2）：17-19.

［25］张国强. 制度创新与交通运输发展：分析框架［J］. 综合运输，2019（3）：1-6，65.

［26］京京. 看灯不看车 日本独有的交通文化［J］. 驾驶园，2016（8）：36-37.

［27］王若冰，王志波. 管理交通 文化先行［J］. 人民公安，2015（22）：7-9.

［28］湖南交警. 湖南：推动公安交管工作现代化［J］. 道路交通管理，2023（5）：13-14.

［29］庞跃辉，王成平，魏巍. 交通文化融合发展系统研究［J］. 长安大学学报（社会科学版），2018（3）：19-26.

［30］佚名. 推进交通文化建设 提升驾驶人安全文明素养［J］. 汽车与安全，2023（4）：9-11.

［31］佚名. 湖北常态化开展交通安全宣传助力交通文化建设［J］. 汽车与安全，2023（4）：28-29.

［32］祁娟. 贺云翔：交通文化遗产是强国建设的重要内涵［J］. 交通建设与管理，2021（2）：18-21.

［33］汪玚. 张文奇：在中国交通文化研究中提升文化自信［J］. 交通建设与管理，2021（2）：50-53.

［34］娟子. 唤醒历史记忆，让交通文化遗产重放异彩［J］. 交通建设与管理，2021（2）：24-27.

［35］王宇. 周伟：交通文化遗产是交通故事的肥沃土壤［J］. 交通建设与管理，2021（2）：28-31.

［36］何吉成，王李轩，李小刚，等. 生态文明视角下陕西黄河流域古代交通文化遗产的保护与开发［J］. 交通建设与管理，2022（4）：104-107.

［37］武斌. 文化传播论：以中华文化在海外的传播来讨论［J］. 社会科学辑刊，1998（5）：41-47.

三、网站

［1］中华人民共和国交通运输部：https：//www.mot.gov.cn/.

［2］中华人民共和国公安部：https：//www.mps.gov.cn/.

［3］中国交通新闻网：https：//www.zgjtb.com/.

［4］艾瑞咨询：https：//www.iresearch.com.cn/.

［5］赛立信数据资讯：https：//www.smr.com.cn/.

［6］中国互联网络信息中心：https：//www.cnnic.net.cn/.

［7］中国世界文化遗产监测预警总平台：https：//www.wochmoc.org.cn/channels/20.html.

［8］UNESCO World Heritage Centre：https：//whc.unesco.org/.

后记

　　交通文化传播研究是在学科细分与融合背景下对交通、文化与传播进行的跨界融合研究，属于交通社会学、文化学与传播学的交叉研究。交通文化传播既具有文化的功能，也具有传播的功能，对于公众认识交通行为和交通现象、探索交通发展规律、促进交通事业和经济社会发展具有十分重要的意义。在重庆交通大学部分领导及同仁的鼓励下，笔者不揣浅陋，撰写了这本《交通文化传播研究》。

　　本书以历史事实为基础，以交通社会学、文化学与传播学的理论为支撑，研究和论述了交通文化传播的基础理论、应用理论、决策理论及发展历程。全书分为：第一章 绪论，第二章 交通文化，第三章 交通文化传播，第四章 交通文化传播的基础理论，第五章 交通文化传播的基本要素、基本模式与基本规律，第六章 交通文化传播与提升交通文化软实力，第七章 交通文化传播与交通文化遗产保护及开发，第八章 交通精神文化丰碑——"两路"精神及其传播与传承，共计八个部分。为了使本书在结构上更加系统，内容上更加完整，阐述上更加科学，笔者借鉴了交通运输、交通管理、社会学、文化学、传播学、历史学等学科的理论知识，参阅了交通文化和文化传播研究同行们的大量文献，从中汲取了许多有益的东西。本书在广泛采用普遍共识的基础上，努力进行了理论创新。书中很多观点是对交通文化传播长期研究和认真审视的理论成果，应该说体现了笔者对交通文化传播的个性化见解。笔者还将以人为本、以国家为本、以民族为本的价值观念融入全书的内容之中，力求给予读者正确的价值导向。

本书的写作历经三年多时间。写作期间，笔者到北京、上海、山东、湖南、四川、云南、宁夏、海南等地实地考察了交通文化传播的情况，获得了很多鲜活的感受。笔者查阅了大量的资料，鉴于时间和精力关系，未能一一注明来源，在此向各位作者表示感谢。西南财经大学出版社石晓东编辑为本书的出版付出了辛勤的劳动，一并表示感谢！

交通文化传播属于一个新的课题，目前国内外学界对于很多理论和实践问题的认识还不够深，有的问题尚在探索之中。由于水平有限，书中难免有疏漏之处，恳请各位专家学者批评指正。

温洪泉

2025 年 1 月